Lieblingsplätze

OSTSEE SCHLESWIG-HOLSTEIN

Lieblingsplätze

OSTSEE SCHLESWIG-HOLSTEIN

GMEINER

KAREN LARK / HEIKE MECKELMANN

Autor und Verlag haben alle Informationen geprüft. Gleichwohl wissen wir, dass sich Gegebenheiten im Verlauf der Zeit ändern, daher erfolgen alle Angaben ohne Gewähr. Sollten Sie Feedback haben, bitte schreiben Sie uns! Über Ihre Rückmeldung zum Buch freuen sich Autor und Verlag: lieblingsplaetze@gmeiner-verlag.de

Sofern nicht im Folgenden gelistet, stammen die Bilder von Karen Lark (S. 12–138) und Heike Meckelmann (S. 142–190): © Sina Ettmer - stock.adobe.com

QR-Code einscannen und kostenloses E-Book anfordern. 

Besuchen Sie uns im Internet:
www.gmeiner-verlag.de

1. Auflage 2022

Im Ehnried 5, 88605 Meßkirch
Telefon 07575/2095-0
info@gmeiner-verlag.de

Redaktion: Ricarda Dück
Herstellung: Julia Franze
Bildbearbeitung/Umschlaggestaltung: Susanne Lutz
unter Verwendung der Illustrationen von © LynxVector – stock.adobe.com; © SimpleLine – stock.adobe.com; © SG-Design – stock.adobe.com; © Instantly – stock.adobe.com; © Katrin Lahmer; © Benjamin Arnold; © Susanne Lutz
Kartendesign: © Maps4News.com/HERE
Druck: AZ Druck und Datentechnik GmbH, Kempten
Printed in Germany
ISBN 978-3-8392-0164-0

VON DER LÜBECKER BUCHT BIS ZUR KIELER FÖRDE

1 **Lübeck** • Gänge und Höfe in der Altstadt
Platz schaffen 13

2 **Lübeck** • Museum *Behnhaus Drägerhaus*
Kontor und Klassizismus 15

3 **Lübeck** • Eimerkettenbagger *Wels* im Museumshafen
Mit Quietschen und Kreischen 17

4 **Lübeck** • Alter Leuchtturm Travemünde
Vorgedrängelt 19

5 **Ratekau** • Café Tausendschön
Kuschelig und köstlich 21

6 **Timmendorfer Strand** • Aquarium *Sea Life*
Abtauchen in eine fremde Welt 23

7 **Grömitz** • Zoo *Arche Noah*
Auge in Auge 25

8 **Oldenburg in Holstein** • Wallmuseum
Der Wall der Wagrier 27

9 **Schönwalde am Bungsberg** • Dorf- und Schulmuseum
Strenge Strafen, tolle Tafeln 29

10 **Schönwalde am Bungsberg** • Fernmeldeturm Bungsberg
Ohne Fleiß kein Preis 31

11 **Eutin** • Jagdschlösschen am Ukleisee
Stimmungsschwankungen 33

12 **Malente** • Kellerseefahrt ab Janusallee
Süßwasser-Romantik 35

13 **Plön** • Twieten der Altstadt
Ganz schön steil 37

14 **Plön** • Parnaßturm
Musen und Muffensausen 39

15 **Grebin** • Weingut Hof Altmühlen
»So mookt wi dat« 41

16 **Lütjenburg** • Turmhügelburg
Wohn- und wehrhaft 43

17 **Panker** • Aussichtsturm Hessenstein und Gut Panker
Romantik allenthalben 45

18 **Behrensdorf** • Leuchtturm Neuland
Auf Augenhöhe 47

19 **Hohenfelde** • Straußenfarm Ostseeblick mit Hofbistro
Kopf in den Sand 49

20 **Schönberg** • Museumsbahnen Schönberger Strand
Wenn die Buddenbrooks kommen 51

21 **Schönberg** • Historischer Rundweg
Parallelwelten 53

22 **Schönberg** • Kindheitsmuseum
Kein Kinderspiel 55

23 **Laboe** • Segelfahrt mit der Gefion
Die Entdeckung der Langsamkeit 57

24 **Probsteierhagen** • Irrgarten mit Ausflugslokal
Irrungen und Wirrungen 59

25 **Probsteierhagen** • Schloss Hagen
Fluch oder Segen? 61

26 **Schellhorn** • Kapelle Sophienhof
Baustil der besonderen Art 63

27 **Preetz** • Adeliges Kloster Preetz
Ein Kulturdenkmal mit Charme 65

28 **Preetz** • Holzschuhmacherei Lorenz Hamann
Pantoffel-Held 67

29 **Bissee** • Antik-Hof Bissee
Für alle Bedürfnisse 69

30 **Bissee** • Skulpturensommer in Bissee
Feldverschönerung 71

VON KIEL BIS NACH FLENSBURG

31 **Kiel** • Rathausturm
Drei Mann hoch 75

32 **Kiel** • Schifffahrtsmuseum Fischhalle
Maritime Seele der Stadt 77

33 **Kiel** • Hafen
Große weite Welt 79

34 **Kiel** • Begleitfahrt zur *Windjammer*-Segelparade
Kieler Woche, ahoi! 81

35 **Kiel** • An der Hörn
Die »internationale Meile« 83

36 **Kiel** • Konditorei-Café *Schokodeern* auf der Holtenauer
Ein Paradies für Naschkatzen 85

37 **Kiel** • Botanischer Garten
Die Königin von Kiel 87

38 **Neuwittenbek** • Gut Warleberg
Wer »entbeert« da was? 89

39 **Krummwisch** • Alte-Eiderkanal-Schleuse in Klein Königsförde
Was klappt, das klappt 91

40 **Achterwehr** • Kanu- und Floßfahrt auf der Eider
Selbst am Ruder 93

41 **Molfsee** • Freilichtmuseum Molfsee
500 Jahre regionale Alltagskultur 95

42 **Warder** • Tierpark *Arche Warder*
Borstenvieh mit Locken 97

43 **Nortof** • Geografischer Mittelpunkt Schleswig-Holsteins
Im Herzen des Landes 99

44 **Emkendorf** • Gütertour mit der Kutsche
Mit zwei PS ins 18. Jahrhundert 101

45 **Rendsburg** • Stadtteil Neuwerk
Tischordnung auf Militärisch 103

46 **Holtsee** • Holtseer Landkäserei
So ein Käse 105

47 **Schwedeneck** • Pferdekopfpumpe in Sprenge
Das schwarze Gold 107

48 **Eckenförde** • Bonbonkocherei Hermann Hinrichs
Gegossen, gewalzt, genossen 109

49 **Schleswig** • Fischersiedlung Holm
Am Wasser gebaut 111

50 **Schleswig** • Gottorfer Globus im Barockgarten
Himmlische Himmelskörper 113

51 **Tolk** • Freizeitpark Tolk-Schau
Tolk fürs Volk 115

52 **Waabs** • Gut Ludwigsburg mit Hofcafé
Adelsluft schnuppern 117

53 **Thumby** • Dorf Sieseby
Schmuckstück an der Schlei 119

54 **Kappeln** • Angelner Dampfeisenbahn
Zuckersusi zieht 121

55 **Kappeln** • Schleibrücke
Klippklapp, klippklapp 123

56 **Stoltebüll** • Historischer Versammlungsplatz *Guly Thing*
Das Ding mit dem Thing 125

57 **Mittelangeln** • Pinnes Grab
Eine Räuberpistole? 127

58 **Nieby** • Naturschutzgebiet Geltinger Birk
Auf dem Pfad der Pferde 129

59 **Langballig** • Landschaftsmuseum Angeln/Unewatt
Das Museum im Dorf 131

60 **Flensburg** • Kaufmannshöfe
Längs und quer 133

61 **Flensburg** • Kapitänsviertel in Jürgensby
Blick auf die See 135

62 **Flensburg** • Oluf-Samson-Gang
Von Rot- zu Rampenlicht 137

63 **Jardelund** • Garten *Unsere Obstwiese*
Betreten erwünscht! 139

FEHMARN

64 **Strukkamp** • Fehmarnsundbrücke
Kleiderbügel unter Denkmalschutz 143

65 **Burg** • Meereszentrum Fehmarn
Mehr Meer geht nicht 145

66 **Burg** • Rathaus
Zwischen Politik und Hochzeitsgelübde 147

67 **Burg** • Senator-Thomsen-Haus
Haus mit eigenem Quartier 149

68 **Burg** • Café Jedermann
Klein, aber oho … 151

69 **Burgstaaken** • Erlebnishafen
Kunterbuntes Hafentreiben 153

70 **Burgstaaken** • Spaziergang entlang des Burger Binnensees
Von der Möweninsel und Motorbooten 155

71 **Wulfen** • Nehrungshaken Wulfener Hals
Karibische Zustände 157

72 **Katharinenhof** • Allee-Café Katharinenhof
Wo Windbeutel zu Sturmsäcken werden 159

73 **Meeschendorf** • Adventure-Golf Fehmarn
Golfen am Leuchtturm 161

74 **Klausdorf** • Naturstrand Klausdorf
Entspannung in der frischen Brise 163

75 **Puttgarden** • Molen im Hafen
Die weißen Riesen zum Greifen nahe 165

76 **Puttgarden** • Naturschutzgebiet Grüner Brink
Zwischen Meer und Heide 167

77 **Gammendorf** • Niobe-Denkmal am Gammendorfer Strand
Untergang durch Weiße Bö 169

78 **Westermarkelsdorf** • Strand mit altem Messpegel
Der Ostseestöpsel 171

79 **Petersdorf** • St.-Johannis-Kirche
Die höchste Kirche der Insel 173

80 **Fehmarn** • Wasservogelreservat Wallnau
Das große Flattern der Zugvögel 175

81 **Flügge** • Leuchtturm Flügge
Paradeturm am Huk 177

82 **Orth** • Hafen
Spitze mit Leuchtturmblick 179

83 **Lemkenhafen** • Mühlenmuseum Jachen Flünk
Umtriebige Mühle 181

84 **Bisdorf** • Hofcafé Bisdorf
Locker, lecker, fluffig 183

85 **Neujellingsdorf** • Landhausrestaurant Margaretenhof
Deutsche Küche mit einem Hauch Asien 185

86 **Westerbergen** • Spaziergang auf dem Deich
Deichgeflüster 187

87 **Albertsdorf** • Großsteingrab Alversteen
Zeugen frühzeitlicher Geschichte 189

88 **Strukkamphuk** • Leuchtturm Strukkamphuk
Kleiner ist keiner 191

VON DER LÜBECKER BUCHT BIS ZUR KIELER FÖRDE

Karen Lark

18
RF
2

1

Lödingshof
Lübecker Gänge/Höfe
Altstadt
Glockengießerstraße
23552 Lübeck

Gang *Im Reinfeld*
An der Obertrave 19
23552 Lübeck

PLATZ SCHAFFEN

Gänge und Höfe in der Altstadt

Lübecks Expansionsmöglichkeiten waren in früheren Zeiten begrenzt, denn sein historischer Kern liegt auf einer Insel. Durch den glanzvollen Aufstieg zur dominierenden Hansestadt explodierte die Bevölkerungszahl ab dem 13. Jahrhundert. Wohin mit all den Menschen? Die Kaufleute ersannen eine pfiffige Idee: Man nutzte den Platz hinter dem eigenen Stadthaus.

Auf diese Weise entstanden die Lübecker Gänge und Höfe. Ein Torweg führte durch das vordere Gebäude, in dem der Hausherr residierte, zum dahinter liegenden Hof. Dort wurden kleine »Buden« errichtet, in denen Bedienstete und Tagelöhner, Seefahrer und Handwerker untergebracht wurden. Lediglich schmale Passagen blieben von den einst weitläufigen Flächen. Die Kaufleute wollten natürlich so wenig wie möglich von ihrem wertvollen Wohnraum verlieren. Daher verwundert es nicht, dass die Durchgänge meist eng sind. Der eine oder andere ist zudem äußerst niedrig, und schon Menschen ab 1,50 Meter Größe müssen sich bücken.

Hinter manchem Stadthaus präsentieren sich deutlich großzügigere Areale und Gebäudekomplexe. Oft wurden sie als Stiftungshöfe für Arme oder Witwen errichtet. Das half nicht nur den Bedürftigen, es beruhigte auch das Gewissen der Wohlhabenden. Eines der größten und prächtigsten Exemplare ist der Füchtingshof. Seine Häuser verfügen sogar über drei Stockwerke. In Petersens Gang in der Hartengrube findet sich dagegen noch heute eine wirklich winzige Bude mit einem Grundriss von 3,45 mal 4,65 Metern.

Die Lübecker Kaufleute haben gezeigt, dass man nicht unbedingt nach oben bauen muss, um Platz zu gewinnen. Die Buden waren sicherlich begehrter Wohnraum bei Arbeitern und sozial Schwächeren. Heute sind sie das trotz ihrer begrenzten Fläche immer noch. Wer möchte nicht gern in derart romantischer, geschichtsträchtiger Umgebung wohnen!

Das Vorderhaus des Gangs *Im Reinfeld* wurde in den 1930er-Jahren als Luftschutzbunker gebaut. Die Fassade ist dem ursprünglichen mittelalterlichen Stadthaus nachempfunden.

2

Museum Behnhaus Drägerhaus
Königstraße 9–11
23552 Lübeck
0451 1224148
www.museum-behnhaus-draegerhaus.de

KONTOR UND KLASSIZISMUS

Museum *Behnhaus Drägerhaus*

Wir betreten das Behnhaus, ein Lübecker Kaufmannsgebäude, und stehen in einem hellen Vorraum, zur Linken Museumsshop und Kasse. Früher befand sich dort das Kontor, in dem man seine Waren ausstellte und Geschäfte machte. Zum Haupthaus gehörte auch die Diele, und im hinteren Flügel schlossen sich die Wohnräume an. Um 1800 wurde das Gebäude wie viele Kaufmannshäuser in Lübeck umgebaut, sodass sich der erworbene Wohlstand besser zur Schau stellen ließ. Dazu wurde ein Mann engagiert, der wusste, was er tat, nämlich Joseph Christian Lillie, seines Zeichens königlicher Dekorateur am dänischen Hof.

Lillie verpasste dem Bauwerk seine eigene Interpretation der klassizistischen Einrichtung. Die asymmetrische Raumaufteilung bereitete ihm bei der Gestaltung im Sinne der ebenmäßigen Linien und Formen des klassizistischen Schönheitsideals wenig Kopfzerbrechen, verstand er es doch, mit Malerei und Dekoration die Illusion gerader Wände und Fluchten zu erschaffen. Der Gartenflügel, der Wohnbereich der Hausherren, erstrahlte nun in neuem Glanz: helle Räume, Einrichtung wie aus einem Guss, edle Möbel, Kronleuchter und lichte Wandmalereien tragen zu einem eleganten, erfrischenden, keineswegs sterilen oder erdrückenden Ambiente bei. Staunend wandern wir vom Frühstückszimmer über das Landschafts- in das Gartenzimmer, wo wir uns in einer nachgebildeten Laube wiederfinden. Wir würden sofort einziehen, auch wenn nicht mehr die gesamte Ausstattung original von Lillie stammt und zum Teil nach Beschreibungen rekonstruiert wurde.

Spielerisch ist der Eindruck, den die Dekoration bei uns hinterlässt. Vorne zur Straße hinaus mag es einst im Kontor geschäftig und geschäftlich zugegangen sein. Im Gartenflügel aber konnte man die Seele baumeln lassen. Wenn man ein reicher Kaufmann war.

Im zum Museum gehörenden Drägerhaus sind Gemälde und andere Kunstwerke der Romantik und der klassischen Moderne sowie regelmäßige Sonderausstellungen zu sehen.

3

Eimerkettenbagger Wels
Museumshafen Lübeck
Willy-Brandt-Allee 35
23554 Lübeck
0451 4008399
www.museumshafen-luebeck.org

Theaterschiff Lübeck
Willy-Brandt-Allee 10k
23554 Lübeck
0451 2038385
www.theaterschiffluebeck.de

MIT QUIETSCHEN UND KREISCHEN

Eimerkettenbagger *Wels* im Museumshafen

Als Kinder haben wir gerne am Strand oder auf dem Spielplatz Sand in unsere Eimerchen geschaufelt, um sie dann umzustülpen und mehr oder minder haltbare Figuren zu formen. Eins ums andere entstanden Bauwerke, und wir konnten uns stundenlang mit ihnen beschäftigen.

Dass man mit Eimern nicht nur Sand bewegen kann, versteht sich von selbst. Dass sie auf dem Wasser zum Ausbaggern von Meeresbuchten, Häfen und Flussmündungen im großen Stil verwendet werden, erstaunt eher. Mit kleinen Kübeln wie wir damals kommt man dabei natürlich nicht weit. Stattdessen werden Pontons als Plattform verwendet, auf der an einem Aufbau eine endlose Kette mit großen Eimern umläuft. Mit ihnen wird Meeres- oder Hafengrund abgetragen und auf längsseits liegende Schuten geladen. Bagger dieser Art verfügen weder über einen eigenen Antrieb noch über ein Ruder. Von Schleppern werden die Transportmittel zu ihrem Einsatzort gebracht.

Eine solche Maschine ist der Eimerkettenbagger *Wels*, der nach seiner Außerbetriebnahme im Museumshafen Lübeck eine neue Heimat gefunden hat. 1936 wurde er gebaut und arbeitete vor allem auf der Trave und der Wakenitz. Heute steht er unter Denkmalschutz und liegt am Wenditzufer bei der Drehbrücke an der Willy-Brandt-Allee im Lübecker Holstenhafen.

Allein die Kette des Baggers wiegt sieben Tonnen, insgesamt bringt er 55 Tonnen auf die Waage, seine 32 Eimer fassen jeweils 45 Liter. Wenn er loslegt, verkündet er das lautstark. Das Quietschen und Knirschen der Kette, der Lärm des Dieselmotors und das Platschen von Wasser und abgetragenem Material vermischen sich zu einer ganz eigenen Sinfonie. Laut ist sie, sehr laut. Viel lauter als wir damals, wenn wir mit unseren Eimerchen Sand schaufelten und dabei mit unserem Geschrei und Gekreische sicher manchem Nachbarn die Ruhe raubten.

Ein anderes akustisches wie visuelles Schiffserlebnis bietet sich bei Komödien, Revuen und Kabarett auf dem Theaterschiff Lübeck.

4

Alter Leuchtturm Travemünde
Am Leuchtenfeld 1
23570 Lübeck
04502 8891790
www.leuchtturm-travemuende.de

Leuchtturm Dahmeshöved
Dahmeshöved
23747 Dahme

VORGEDRÄNGELT

Alter Leuchtturm Travemünde

Ziemlich sicher ist der Grund, weshalb der *Alte Leuchtturm Travemünde* außer Betrieb genommen werden musste, einzigartig. Das vermute ich zumindest, denn ich kann mir schwer vorstellen, dass anderswo auf der Welt der Bau eines Hotels einen ansonsten voll funktionsfähigen Leuchtturm seiner Daseinsberechtigung beraubt. Dabei kann das Travemünder Exemplar einen Superlativ vorweisen. Das ehrwürdige Bauwerk ist der älteste Leuchtturm Deutschlands.

Schon 1539 wurde er errichtet, nachdem sein Vorgänger von dänischen Truppen zerstört worden war. Mit 31 Metern Höhe hält er weder einen Rekord an der oberen noch an der unteren Größenskala. Zum Vergleich: Der höchste Leuchtturm des Landes, der ausschließlich zum Zweck der Warnung für die Seefahrt gebaut wurde, steht in Campen an der Mündung der Ems. 65 Meter misst er. 82,5 Meter bringt der *Phare de l'Île Vierge* in der Bretagne auf die Messlatte und kann sich damit als größter der Welt rühmen. Verstecken muss sich der hübsche Backsteinbau in Travemünde allerdings auch nicht. Im Vergleich zum kleinsten Leuchtturm Deutschlands mit seinen 7,45 Metern, der auf der Hallig Oland steht, reichte sein Licht deutlich weiter aufs Meer hinaus. Jedenfalls bis 1972. Denn dann wurde ihm ein Hotel vor die Nase gesetzt, das seither den größten Teil des Bereichs verdeckt, über den er wachte. Das ist schon eine spektakuläre Art, einen Leuchtturm unnütz zu machen.

Zur Strafe, so denke ich, musste das Hotelmonstrum die Arbeit eines Leuchtfeuers übernehmen. Ob es die einzige Gästeunterkunft mit dieser Aufgabe ist, weiß ich nicht. Einen Superlativ hält es aber ebenfalls: Mit 117 Metern ist es das höchste nicht ausschließlich diesem Zweck dienende Leuchtfeuer in Europa.

Ein hübsches Fotomotiv bietet auch der Leuchtturm Dahmeshöved, der ebenfalls an der Lübecker Bucht steht.

5

Café Tausendschön
Landhaus Töpferhof
Fuchsbergstraße 5–11
23626 Ratekau
04502 8888439
www.landhaus-toepferhof.de/cafe-tausendschoen.html

Restaurant und Weinkeller Ludwig's
Fuchsbergstraße 5–11
23626 Ratekau
04502 2124
www.landhaus-toepferhof.de/restaurant-ludwigs.html

KUSCHELIG UND KÖSTLICH

Café Tausendschön

»Tausendschön« wäre nicht der erste Name, der uns für ein Café einfallen würde. Doch als wir eintreten, wissen wir sofort, was gemeint ist. Mit vielleicht nicht 1.000, aber doch ziemlich vielen großen und kleinen Details wird in dem Raum eine besondere skandinavische Atmosphäre geschaffen. Von den Fensternischen, in die man sich behaglich kuscheln kann, über die hübschen Holzbänke zu unzähligen liebevoll drapierten Dekostücken dient die gesamte Einrichtung dem Wohlgefühl.

Nachdem wir uns eine gemütliche Ecke ausgesucht haben, wollen wir uns dem Zweck des Cafés widmen, der Kulinarik, derentwegen wir eigentlich eingekehrt sind, und machen uns auf zur Theke. Auweia, wie soll man sich denn da entscheiden? Das sieht alles furchtbar lecker aus! Friesentorte, Mohn mit Schmand und Stachelbeer-Baiser, das sind Kreationen, die wir in anderen Kaffeehäusern schon mal probiert haben. Noch nie haben wir allerdings Buttermilch und Johannisbeere mit Baiserhaube gekostet oder gar Buchweizen-Preiselbeertorte. Schweren Herzens wählen wir eine Sorte aus und kehren mit unseren Tortenstücken an unseren Tisch zurück. Göttlich schmecken sie, und sofort beschließen wir, bald wiederzukommen, um die anderen geschmacklichen Kunstwerke ebenfalls zu genießen.

Im Jahr 2018 ist das *Tausendschön* als eines von 525 Cafés und Röstereien in ganz Deutschland vom Magazin *Die Feinschmecker* in sein Buch mit kulinarischen Empfehlungen aufgenommen worden. Gewertet wurden neben der Qualität der angebotenen Speisen, die selbstredend hausgemacht sein müssen, und der Kompetenz der Mitarbeiter auch die Atmosphäre. Das *Tausendschön* bringt alles mit, und das Ambiente hat sicher viele Pluspunkte eingeheimst. Hier ist es gemütlich – man fühlt sich einfach »hyggelig«!

Wenn es des Süßen genug ist, lässt es sich gepflegt im *Restaurant und Weinkeller Ludwig's* speisen, ebenfalls Teil des Landhauses Töpferhof.

6

Sea Life Timmendorfer Strand
Kurpromenade 5
23669 Timmendorfer Strand
04503 35880
www.visitsealife.com/de/timmendorfer-strand

Ostsee Therme
Strandallee 143
23683 Scharbeutz
04503 352611
www.ostsee-therme.de

ABTAUCHEN IN EINE FREMDE WELT

Aquarium *Sea Life*

Es gießt in Strömen. Was kann man da Besseres machen, als sich aus dem Regen in die Traufe zu begeben bzw. direkt ins Meer, wenn man sich wie wir an der Ostsee aufhält. Heute ist es dafür allerdings zu kalt. Wir fahren kurzerhand nach Timmendorfer Strand.

Im *Sea Life* herrscht schummriges Licht, die Gänge sind nur von den Aquarien erleuchtet. Kein Fisch wird unnötig geblendet – solange sich jeder beim Fotografieren an das Blitzverbot hält. Für den Rundgang benötigen wir eine halbe Ewigkeit, doch wir empfinden sie nicht als zäh. Unzählige bunte Schautafeln und Informationen auf den bemalten Wänden lassen uns tiefer in das Leben unter Wasser eintauchen.

Am großen Becken begegnen wir Scholle, Dorsch und Steinköhler. Haie und Rochen, erklärt uns eine der Tafeln, können elektromagnetische Felder über besondere Hautporen in ihrem Gesicht wahrnehmen. Plattfische verstecken sich am Meeresboden, dafür wechseln sie sogar Farben und Muster. Meine Lieblingstiere sind ziemlich klein, es sind die Seepferdchen. So viel Erstaunliches gibt es über sie zu erfahren. Bei ihnen sind die Männchen die Herren der Kinderstube, in einer Bauchtasche brüten sie die Eier aus. Diese Fische halten sogar mit Kolibris mit, denn wie die winzigen Vögel mit ihren Flügeln schaffen sie mit den Flossen bis zu 70 Schläge pro Sekunde. Wenn sie schlafen, rollen die merkwürdigen Tiere ihre Schwänze um eine Pflanze. Auf diese Weise werden sie von der Strömung nicht davongetragen. Manch ein Exemplar schläft sogar kopfüber im Wasser hängend.

Als wir wieder an der Oberfläche auftauchen, blendet uns das Licht im Freien. Trocken haben wir die Unterwasserwelt erlebt. Zum Glück hat es inzwischen aufgehört zu regnen, sodass wir ebenso trockenen Fußes nach Hause zurückkehren.

Genug Wasser angeguckt und Lust, aktiv zu werden? Zum Schwimmen und für andere Aktivitäten bietet die *Ostsee Therme* in Scharbeutz paradiesische Verhältnisse.

7

Zoo Arche Noah
Mühlenstraße 32
23743 Grömitz
04562 5660
www.zoo-arche-noah.de

Vogelpark Niendorf
An der Aalbeek
23669 Timmendorfer Strand
04503 4740
www.vogelpark-niendorf.de

AUGE IN AUGE

Zoo Arche Noah

Artgerechte Haltung liegt Familie Wilhelm am Herzen. Besucherfreundlich ist ihr Zoo *Arche Noah* ebenfalls. Die meisten Gehege sind nur von niedrigen Einfassungen umgeben, während Elektrozäune dafür sorgen, dass die Tiere dennoch in ihrem Heim bleiben. Diese selten in Zoos genutzte Begrenzung hat den Vorteil, dass auch kleine Gäste freie Sicht auf die Tiere genießen, die wiederum nicht gegen eintönige Wände starren müssen, sondern ihrerseits die Menschen neugierig beobachten können.

Tatsächlich ist genau das unser Eindruck. Viele der Zoobewohner halten sich am Rand ihrer Gehege auf und prüfen, wer denn in ihren Vorgarten schaut. Ein noch ziemlich junges Mara, dessen Kollegen direkt vor uns einander necken oder Tauziehen mit einem Zweig veranstalten, sitzt minutenlang still und sieht nachdenklich zu uns herüber. Ein Schimpansenmännchen fortgeschrittenen Alters bringt uns immer wieder zum Lachen, indem es am anderen Ufer des Wassergrabens Mätzchen macht, das Maul aufreißt und auf der Stelle herumspringt. Zwischendurch setzt es sich und hält seine Hand vor die Augen. Was sind die Menschen doch dumm, fallen immer wieder auf seine Show herein, scheint der Affe zu denken.

Einer der eleganten schwarzen Leoparden schleicht ans Gitter heran – die Raubkatzen sind dann doch sicher hinter hohen Zäunen untergebracht, was uns recht ist. Das Tier positioniert sich vor uns und nimmt mit seinem sanften Blick Kontakt auf. Nur das Löwenpärchen lässt sich zu derlei nicht herab. Ein Stück vom Zaun entfernt liegt es im Gras und nimmt die Huldigungen des menschlichen Gefolges gelassen entgegen.

Wir freuen uns, dass die Zoobewohner derart entspannt sind. Auf uns scheint das abzufärben. Gerne halten wir lange bei allen Gehegen inne und genießen den Austausch mit den Tieren.

Vogelfreunde kommen im Vogelpark Niendorf in Timmendorfer Strand auf ihre Kosten. Die Eulensammlung ist weltweit eine der größten.

8

Oldenburger Wallmuseum
(April–Oktober)
Professor-Struve-Weg 1
23758 Oldenburg in Holstein
04361 623142
www.oldenburger-wallmuseum.de

DER WALL DER WAGRIER

Wallmuseum

Schleswig-Holstein, das ist ein Land, in dem man nicht von ungefähr stolz ist auf die Wikinger-Vergangenheit. Wenn wir an alte Städte denken, kommt uns als erstes Haithabu in den Sinn, die einst blühende Siedlung an der Schlei. Doch die älteste – weil noch immer existierende – Stadt in Schleswig-Holstein ist eine andere: Oldenburg in Holstein. Und sie wurde nicht von Wikingern gegründet, sondern von den Wagriern, die zu einem westslawischen Stammesverband gehörten. Im 7. Jahrhundert errichteten sie hier eine Ringwallanlage zum Schutz vor Angriffen. Die Siedlung entwickelte sich zu einer bedeutenden Hafen- und Handelsstadt und war bis ins 12. Jahrhundert der westlichste Fürstensitz der Slawen.

In der Nähe des alten Ringwalls befindet sich heute das Oldenburger Wallmuseum. Das Museum beherbergt eine ausführliche Darstellung der slawischen Besiedlung Schleswig-Holsteins mit einem Modell des Oldenburger Walls. Vor allem aber können wir hier in die mittelalterliche Welt der Wagrier eintauchen und sehen, wie man damals lebte, vor über 1000 Jahren. Auf einer kleinen Insel im Wallsee liegen die Häuser des Slawendorfs. Drechslern und Webern können wir bei ihrer Arbeit zuschauen. Gift-, Heil- und Färberpflanzen aus der Slawenzeit wachsen in einem kleinen Garten. Am Anlegesteg liegt neben Einbäumen ein slawischer Handelssegler, ein einzigartiger Nachbau. Und mitten im See können wir die Insel mit dem Heiligtum erblicken. Zutritt nur für Priester. So war das damals.

Oldenburg heißt diese Stadt in Holstein heute. Die Wagrier nannten sie Starigard. Beides bedeutet »alte Burg«, und so deutet schon der Name an, dass Oldenburg auf eine lange Geschichte zurückblickt. Auch wenn ihre Gründer Wagrier, nicht Wikinger waren.

Besonders anschaulich geht es während der Aktionstage zu. Im wöchentlichen Wechsel werden verschiedenste Themen zum Leben im Frühmittelalter präsentiert.

9

Dorfmuseum Schönwalde
Am Ruhsal
23744 Schönwalde
am Bungsberg
04528 910775
www.dorfmuseum-
schoenwalde.de

STRENGE STRAFEN, TOLLE TAFELN

Dorf- und Schulmuseum

»Gerade sitzen/Kopf nicht stützen/Hände falten/Schnabel halten« – das waren die obersten Regeln in früheren Schulzeiten, kurz und knapp gefasst und durch den Reim für jedermann gut zu merken. Durchgesetzt wurden diese Regeln und viele andere mit drastischen Strafen, die zuallererst Schläge bedeuteten: Ungebührliches Betragen in der Pause zog zwei Schläge auf das Gesäß nach sich, während ein derartiges Verhalten im Unterricht dem Schüler in Schönwalde gar drei Schläge auf selbiges einbrachte.

Doch wunderschöne farbige Schulwandbilder bezeugen, dass die Schule Mitte des 19. Jahrhunderts tatsächlich auch schon Spannendes bot. Die ersten großformatigen Bildertafeln ließ der Marburger Seminarleiter Carl Christoph Gottlieb Zerrenner 1838 herstellen. Bis 1900 verfügte jede noch so kleine Dorfschule im Deutschen Reich über wenigstens einige solcher Schulwandbilder. Durch lebendige und künstlerisch wertvolle Abbildungen sollten die Schüler zum Sprechen animiert werden: Sie sollten die Darstellungen beschreiben und interpretieren. Schließlich mussten die Kinder im Norden eines ganz besonders üben: das Hochdeutsche, denn ihre Muttersprache war das Niederdeutsche, auch Plattdeutsch genannt. Dazu gab es nicht nur interessante und informative Bildertafeln mit Motiven zum Landleben und Handwerk, zu historischen und religiösen Ereignissen, zu Tieren und fremden Welten. Schulwandbilder mit Darstellungen von Märchen und Fabeln ergänzten sie.

So bunt ging es zuweilen zu in der alten Schönwalder Dorfschule von 1823, die zwei Klassenräumen und der Lehrerwohnung Platz bot. Wie die Schulwandbilder wurden sie bis in die 1970er-Jahre für den Unterricht genutzt, ehe die Schüler und Lehrer in die neu gebaute Dörfergemeinschaftsschule umzogen und das stattliche Gebäude samt Inventar zu einem Museum umfunktioniert wurde.

Man sollte viel Zeit mitbringen, denn das Museum bietet auf laminierten DIN-A4-Blättern einen reichen Schatz an Informationen zu Schulwesen und Landleben.

10

Fernmeldeturm Bungsberg
Parkplatz: Bungsberghof
23744 Schönwalde
am Bungsberg

Café & Restaurant 168 ü. NN
Bungsberg 2a
23744 Schönwalde
am Bungsberg
04528 9138880
cafe-restaurant-168-uenn.eatbu.com

OHNE FLEISS KEIN PREIS

Fernmeldeturm Bungsberg

Vor das Vergnügen hat der liebe Gott den Schweiß gesetzt, behauptet ein altes Sprichwort. Am Bungsberg erwartet uns dieser Schweiß in Form von 199 Stufen – gute 42 Meter hoch ist die Aussichtsplattform, die sich über dem mit 168 Metern höchsten Punkt Schleswig-Holsteins erhebt. Im Allgemeinen, nimmt man an, müsste ein solcher Fernmeldeturm über einen Aufzug verfügen, doch für aufstrebende Besucher bleibt nur die Treppe. Wir kommen nicht zum Ziel, ohne jede einzelne Stufe hinaufgestiegen zu sein.

Schön ist es nicht, das »Treppenhaus«. Nur Kritzeleien verzieren die Betonwände, etwa »Andreas war hier« oder »Michael liebt Viktoria«. Da wird es auch nicht besser, wenn auf jedem zweiten Treppenabsatz die Höhe angezeigt wird, die wir erreicht haben. Das mit den 199 Stufen erfahren wir nämlich erst, als wir wieder unten sind, vom netten Wirt des Cafés am Fuße des Turmes. Unsere Stimmen hallen hohl und trostlos von den kahlen Wänden wider. Überhaupt ist »trostlos« die richtige Bezeichnung. Aber dann begrüßt uns endlich das Licht, das durch die Tür ins Treppenhaus fällt und das Ende der Plackerei anzeigt. Die Aussicht verschlägt uns fast den Atem. Natürlich sind wir bei schönem Wetter hergekommen, und es hat sich gelohnt, wir können unendlich weit schauen. Das ist zwar übertrieben, aber so fühlt es sich an. Nach Nordwesten erkennt man in schier unglaublicher Ferne den Kran der Kieler HDW-Werft, südlich kann man bis zu den Kirchtürmen Lübecks schauen. Und im Westen mache ich eben noch das Schloss in Plön neben dem Plöner Wasserturm aus.

Zufrieden stecke ich den Feldstecher wieder in den Rucksack. Es erwarten uns die 199 Stufen beim Abstieg. Aber hinunter ist ein Kinderspiel. Schweiß ist geronnen, doch für unseren Fleiß wurden wir mit einem ganz besonderen Preis belohnt.

Für Wintersportbegeisterte wichtig: Am Bungsberg, dem höchsten Berg Schleswig-Holsteins gibt es einen Skilift – den einzigen Norddeutschlands.

11

Jagdschlösschen am Ukleisee
Zum Ukleisee 19
23701 Eutin
Vermietung: 04537 7070014
www.stiftungen-sparkasse-holstein.de/stiftungen/jagdschloesschen-am-ukleisee

STIMMUNGSSCHWANKUNGEN

Jagdschlösschen am Ukleisee

Kommt man bei finsteren Wolken an den Ukleisee, so wirkt er düster, denn der Buchenwald, der ihn umgibt, verschluckt das vorhandene letzte Licht. Schwarz erscheint das Wasser, drohend der Wald. Und der Wanderer kommt nicht umhin, an die alte Sage zu denken, die von der Entstehung des Sees berichtet. Von der armen Bauerntochter, die den Liebesschwüren eines schönen Ritters glaubte. Von der versprochenen Treue, die der Ritter brach, und vom Tod des Mädchens aus Gram. Der Ritter jedoch kam bei seiner Hochzeit mit einer reichen Gräfin um, als der Geist der Bauerntochter erschien und in einem schrecklichen Gewitter die kleine Kapelle im Boden versank und der Ukleisee entstand.

Eine so hinreißende Sage hat der wunderschöne See verdient: Scheint die Sonne, ist er wahrhaftig der lieblichste Flecken auf Erden. So dachte der Fürstbischof von Lübeck wohl ebenfalls, denn 1776 ließ er auf einer Anhöhe über dem See ein Lusthaus errichten. Damals konnte man von der Terrasse aus über das Dörfchen Sielbeck bis zum Kellersee hinunterschauen – ein Panorama, das längst dem Wuchs der Bäume zum Opfer gefallen ist. Doch auch heute noch genießt man vom Haupteingang in die andere Richtung einen herrlichen Ausblick auf den Uklei, dessen Wasser tief unten in der Sonne glitzert und dessen Ufer von üppigem Wald begrünt werden.

Mit einem großen Festsaal empfängt das Jagdschlösschen am Ukleisee seine Besucher, im lichtdurchfluteten Raum kommt es einem vor, als sei gerade ein Fest im Gange, dessen Gäste eben draußen den Ausblick genießen. Wenn man Glück hat, nutzt ein Gitarrenspieler den Saal mit seiner klangvollen Akustik, um den Saiten seines Instrumentes klassische Klänge zu entlocken. Man vergisst schnell die finstere Sage und wird stattdessen Teil eines imaginären rauschenden Festes. Bei Sonnenschein am Ukleisee.

Will man wirklich einmal festlich feiern, kann man das Jagdschlösschen mieten – für Trauungen, Konzerte, Tagungen oder einfach für eine stilvolle Party.

12

Kellerseefahrt
Anleger: Malente Janusallee
Janusallee (an der Keller-seepromenade)
23714 Malente

Fünf-Seen-Fahrt und Kellersee-Fahrt GmbH
Bahnhofstraße 5
23714 Malente
045232201
www.5-seen-fahrt.de

Süßwasser-Romantik

Kellerseefahrt ab Janusallee

Kellersee – das klingt eigentlich nicht besonders romantisch, eher buchstäblich bodenständig. Wir begeben uns an Bord der auch durchaus unspektakulär wirkenden *MS Luise*. Einen Platz auf dem offenen Achterdeck können wir beziehen, wenn das Wetter mitspielt. Dann legen wir ab vom Anleger Malente Janusallee.

Und schon bald stellen wir fest, dass ein Kellersee so einiges an Romantik parat haben kann. Da sind nicht nur die Ortsbezeichnungen wie Märchenbucht oder Domwald. Wir passieren auch das Gut Rothensande, das doch so mancher Fernsehbegeisterte von früher kennt, war es doch der Ort, an dem die *Immenhof*-Filme mit Heidi Brühl gedreht wurden. Und Rothensande ist nicht nur im Film untrennbar mit Pferden verbunden. Hier pflegt man schon lange eine erfolgreiche Zucht von Dressurpferden, die mit dem Mannschaftsgold für Hengst Ultimo bei der Olympiade 1976 gekrönt wurde. Dann passieren wir den sogenannten Liebestempel vom Kellersee, der 1907 gebaut wurde. Der kleine steinerne Pavillon für romantische Naturen thront auf einer bewaldeten Landspitze, die in den See hinausreicht. Und noch eine schöne Geschichte bietet der See, an dessen nördlichem Ufer das Hotel *Holsteinische Schweiz* einen wunderbaren Blick auf das Wasser genießt. 1895 wurde es gebaut, und tatsächlich etablierte es letzten Endes seinen Namen für die gesamte seenreiche Gegend.

Vielleicht nicht gar so romantisch, dafür aber umso schmackhafter ist das, was man am letzten Anleger der Tour bekommt: Fischbrötchen, frisch belegt. Dazu einen Kaffee. Und ganz unkompliziert werden die Teller und Becher nach dem Verzehr beim Kapitän der *MS Luise* abgegeben und so als Pfandgut mit ungewöhnlicher Reiseroute auf der nächsten Rundfahrt an der Seehütte Malente wieder abgegeben.

Weitere Anleger sind Malente Seehütt sowie in Eutin Fissauer-Fährhaus und Sielbeck Uklei. Wer die anderen Seen der holsteinischen Schweiz erfahren will, sollte die Fünf-Seen-Fahrt in Plön nicht auslassen.

18

Plöner Twieten
Altstadt
Rund um den Schloßberg
24306 Plön

Initiative Schönes Plön e.V.
Prinzenstraße 18
24306 Plön am See
04522 749136
www.schoenes-ploen.de

GANZ SCHÖN STEIL

Twieten der Altstadt

Bekanntlich sind die »Berge« in Schleswig-Holstein nicht höher als die 167 Meter des Bungsbergs. Vielleicht hält mancher daher zu Recht die Verwendung dieses Wortes für hochtrabend und belächelt sie. Dass aber Erhebungen nicht nur hoch sein müssen, um sich der Bezeichnung würdig zu erweisen, zeigt sich in Plöns Altstadt.

Die steilen Gässchen rund um den Schlossberg lehren Radfahrer wie Fußgänger das Fürchten – Erstere vor allem bergauf, Letztere bergab. Sie erfordern doch einige Anstrengung und erweisen sich bei Nässe mit ihrem rutschigen Kopfsteinpflaster sogar als Stolperfalle. Fast will es scheinen, als sorgten die kleinen Gassen absichtlich dafür, dass Passanten nur langsam vorankommen. Denn auf diese Weise entgeht niemandem, wie malerisch sie sind, diese Sträßchen, die »Twieten« genannt werden. Schmale Gänge bilden sie zwischen den alten und den wenigen neuen Gebäuden, bieten Ausblicke den Berg hinauf oder hinab auf weitere Straßen. An ihrem unteren Ende erhascht man zwischen den Fassaden das Glitzern des Sees in der Sonne, insofern sie scheint. Die engen Twieten können, wie in Plön deutlich zu erkennen, nicht mit Wagen befahren werden. Ihre Namen spiegeln wiederum die örtlichen Gegebenheiten: So deuten die Schul- und die Rathaustwiete an, wo sie liegen, und die Bäckertwiete, wer einst ansässig war. Die Kaaktwiete warnt vor dem nahen »Kaak«, dem Schandpfahl der Stadt.

Hat man die Twieten erkundet und den Schlossberg schließlich erklommen, um das Panorama zu genießen, verraten einem die eigenen Beinmuskeln, dass auch Berge von geringer Höhe Respekt verdienen. Vielleicht lächelt man nicht mehr spöttisch, sondern zufrieden, weil man Schönes gesehen und sich nebenbei eine Stärkung verdient hat.

Dank der Initiative *Schönes Plön* wurden die Straßenschilder in Plön mit Infotafeln ergänzt. So erfährt man unter anderem den Sinn der plattdeutschen Straßennamen – ein Reiseführer frei Haus.

14

Parnaßturm
Langenbusch 12
24306 Plön

Musen und Muffensausen

Parnaßturm

Bang schaue ich hinauf. Stahlträger, Stufen, sicherlich eine schöne Aussicht aus furchterregenden 20 Metern über dem Boden. Höhen an sich machen mir nichts aus, doch so richtig schwindelfrei bin ich nicht. Jedenfalls nicht, wenn es um Treppen geht, deren durchbrochene Wände die Sicht auf die Umgebung und deren Stufen den Blick zum fernen Fußboden freigeben. Das Panorama von oben würde ich trotzdem gerne genießen. Ich mache mich an den Aufstieg, Stufe um Stufe. Wenigstens zwei Absätze hoch, sage ich mir. Zwei, das schaffe ich wohl!

Über mir erhebt sich der Parnaßturm. Im Jahre 1888 wurde er errichtet. Seine Stahlträgerkonstruktion, die mir solche Furcht einflößt, galt damals als aufsehenerregende Architektur. Vermutlich übernahm man das Konzept vom Eiffelturm, dessen Bau ein Jahr zuvor begonnen hatte. Seinen Namen erhielt der Turm von dem Berg, auf dem er steht. Bereits im 18. Jahrhundert wurde dieser »Parnaß« genannt – vielleicht ein wenig hochtrabend, erhebt sich das Original doch in Griechenland hundertmal höher über dem Apollon-Heiligtum von Delphi.

Nun, so hoch hinauf wie auf das Pariser Vorbild oder den Namensvetter Parnaß muss ich zum Glück nicht. Und weil der Plöner Aussichtsturm über einen gemauerten Sockel verfügt, fühle ich mich sicherer als bei ähnlichen Stahlkonstruktionen, deren Stufen direkt am Erdboden beginnen. Dadurch wirken die Treppen weniger hoch. Ich arbeite mich von Absatz zu Absatz vor. Tatsächlich schaffe ich es auf diese Weise bis zur obersten Plattform. Belohnt werde ich mit einem Ausblick auf Schloss und Nikolaikirche. Dahinter erstrecken sich der Große und der Kleine Plöner See, Trammer See und Trentsee in der bewaldeten, hügeligen Landschaft. Wenn sich das nicht gelohnt hat!

In der Straße Appelwarder unterhalb des Parnaßturms stehen in vielen Vorgärten Rotdornbäume, die im Mai eine sehenswerte Blütenpracht zeigen.

15

Weingut S. J. Montigny
Hof Altmühlen
Altmühlen 3
24329 Grebin
0671 48313040
www.weingut-montigny.de

»So mookt wi dat«

Weingut Hof Altmühlen

Neulich sind wir einmal nach Grebin gefahren, um uns die Mühle Wagria von 1851 anzusehen. Enttäuscht waren wir, als wir feststellten, dass sie nicht regelmäßig zu besichtigen ist. Na, aber wenigstens ein paar Fotos von dem schmucken Gebäude mit seinem Reetdach wollten wir machen und gingen dazu um die Mühle herum. Da entdeckten wir ungewohnte Gewächse auf dem angrenzenden Abhang. Und die Mühle war mit einem Mal vergessen!

In der Sonne strahlen die Blätter von Rebstöcken saftig grün zu uns herauf. Rebstöcke? Wer baut denn hier in Schleswig-Holstein Wein an? Der Hang fällt nach Süden ab, unten glitzert blau das Wasser des Schierensees. Ja, die Sonne wärmt auch uns hier wohlig, ein bisschen nachvollziehen können wir schon, dass es dem Wein hier warm genug sein mag. Der See tut sein Übriges, sein Wasser speichert die Wärme für die kühleren Nächte und sorgt so dafür, dass den Reben nicht zu kalt wird. Rotwein und Rosé wächst hier, bewirtschaftet wird die Pflanzung vom Weingut S. J. Montigny. Der Hauptsitz des Winzers liegt an der Nahe bei Bad Kreuznach, da ist also ein Meister seines Fachs am Werk. Weißwein baut er außerdem noch an, der gedeiht beim Hof Altmühlen, nicht weit von der Grebiner Wagria entfernt.

Der Prädikatswinzer weiß, was er tut. Und schließlich ist das Klima in diesem Landstrich besser als sein Ruf, scheint doch die Sonne hier genauso lange wie zum Beispiel in der Weinregion Rheingau. Das zumindest sagt der Deutsche Wetterdienst, und da ist man vom Fach. Ein bisschen augenzwinkernd nennt der Winzer seinen Wein aus Grebin *So mookt wi dat*. Das ist mal eine Ansage. Und wir? Wir sind froh, dass die Mühle uns hierher gelockt hat. Und jetzt gönnen wir uns ein Gläschen Wein – so machen wir das nämlich!

Deutschlands nördlichstes Weinanbaugebiet liegt aber längst nicht hier in der Holsteinischen Schweiz, sondern an der Nordsee – bei Keitum auf Sylt!

16

Turmhügelburg Lütjenburg
(April–Oktober)
Nienthal
24321 Lütjenburg
www.turmhuegelburg.de

WOHN- UND WEHRHAFT

Turmhügelburg

Das Leben im 12. und 13. Jahrhundert in unseren Gefilden war hart und gefährlich. Die Region zwischen der Trave, der Schwentine und der Kieler Förde wurde vom slawischen Stamm der Wagrier bewohnt. Im Zuge der Christianisierung aber eroberten adlige Lehnsleute unter den Schauenburger Grafen das Gebiet. Einfach war das gewiss nicht, und um sich erfolgreich in dem Landstrich festzusetzen, bauten die Adligen Wehrburgen. Die häufigste Befestigungsform war dabei die Turmhügelburg.

Der Name sagt eigentlich schon alles über dieses Bauwerk: Es handelt sich um einen Turm auf einem Hügel. Eine Treppe bietet Zugang zum Turm, der zusätzlich durch Palisaden gesichert ist. Palisaden schützen auch den Burghügel. Oder ein Wassergraben wie in Lütjenburg. Um die Burg herum liegt die Wohnanlage der adligen Familie und ihres Gesindes. Ein Brunnen ist überlebenswichtig, dazu braucht man Wirtschaftsgebäude, Kornspeicher, Schmiede und Stallungen. Das Gesinde lebt in einfachen Gebäuden, der Ritter in einem etwas komfortableren Wohnhaus. Ein Kräuter- und Gemüsegarten und ein Backhaus dürfen nicht fehlen. Zu guter Letzt gibt es natürlich auch eine eigene Kapelle auf dem Wehrgehöft, das als Ganzes von einem Wall eingefasst wird. Bei Gefahr ziehen die Bewohner sich in den Fluchtturm zurück, die Treppe wird hochgezogen, und man kann sich mit gutem Überblick von oben gegen die Angreifer verteidigen.

Eine solche Turmhügelburg hat der Verein *Gesellschaft der Freunde der mittelalterlichen Burg in Lütjenburg* in ehrenamtlichem Eigenbau im Nienthal errichtet. Finanzielle Unterstützung gab es durch Spenden und von der EU. Man legte dabei Wert auf Authentizität, daher wurde eng mit dem Archäologischen Landesamt Schleswig-Holstein zusammengearbeitet. Und so kann der Besucher hier in das Leben eines Ritters im 13. Jahrhundert in Ostholstein eintauchen.

Urlaub im Mittelalter? Nicht romantisch, sondern authentisch geht das in der Turmhügelburg – Kleidung und Kochen wie einst gehören natürlich dazu.

17

Aussichtsturm Hessenstein
Hessenstein
24321 Panker

Gut Panker
24321 Panker
04381 7071
www.gutpanker.de

ROMANTIK ALLENTHALBEN

Aussichtsturm Hessenstein und Gut Panker

Hessenstein … Der Begriff beschwört vor unserem inneren Auge finstere gotische Burgen auf dunkel bewaldeten Gipfeln herauf. Und der Aussichtsturm mit diesem Namen auf dem Pilsberg erfüllt diese verheißungsvollen Vorstellungen mit einem Erscheinungsbild im Stil der Burgenromantik: mit seiner neogotischen Optik, der verzierten gusseisernen Wendeltreppe in seinem Herzen und dem ihn umgebenden Wald.

Zum *Gut Panker* gehört der Hessenstein. Von dort gibt es noch weit Romantischeres zu erzählen. Einst wurde das Gut im 18. Jahrhundert vom schwedischen König Friedrich I., auch Landgraf von Hessen-Kassel, mit drei weiteren erstanden, denn der König wollte damit das Auskommen seiner Söhne, die ihm seine Mätresse geboren hatte, sichern. Außerdem erwirkte er die Erhebung seiner Geliebten und ihrer gemeinsamen Abkömmlinge durch den Deutschen Kaiser zu Grafen von Hessenstein. Der allein erbende Friedrich Wilhelm von Hessenstein erreichte später gar den Reichsfürstenstand, ein wunderbarer Aufstieg für einen illegitimen Sprössling. Doch so viel Gutes traf nicht den Falschen. Friedrich Wilhelm zeigte ein großes Herz, indem er aus den vier ursprünglichen Gütern die Herrschaft Hessenstein schuf und auf dem gesamten Besitz die Leibeigenschaft aufhob.

Doch damit nicht genug, der Gipfel der hessensteinschen Romantik ist auch nun noch nicht erreicht. Eine besondere Stute besaß der Graf, die »Ole Liese«, sein Lieblingspferd. Als Friedrich Wilhelms Ende nahte, wollte er das Tier nicht herzlos seinem Schicksal überlassen. Stattdessen vermachte er seinem Reitknecht eine Rente und das Recht, Schnaps zu brennen und auszuschenken, sofern dieser der treuen Stute das Gnadenbrot gäbe. Und so kam es, dass der ermüdete Wanderer nach dem Aufstieg zum Hessenstein sich auf Gut Panker noch heute im Gasthaus *Ole Liese* stärken kann.

So romantisch die Geschichten um den Hessenstein sind, so profan ist der Tipp für den Gipfelstürmer: Man sollte für den Aufstieg im Turm Ein-Euro-Münzen bereit halten.

18

Leuchtturm Neuland
24321 Behrensdorf

Campingpark Waldesruh
Neuland 5
24321 Behrensdorf
04381 8555
camp-waldesruh.de

AUF AUGENHÖHE

Leuchtturm Neuland

Mit einem Leuchtturm auf Augenhöhe? Wie geht denn das? Das ist doch völlig unmöglich! Der Leuchtturm Neuland ist schließlich 44 Meter hoch, sein Feuer leuchtet immerhin noch von 40 Metern Höhe. Für einen Leuchtturm ist das schon beachtlich. Der denkmalgeschützte Turm bei Behrensdorf wies ab 1918 den Seefahrern ihren Weg und warnte zusätzlich vor den gefährlichen Untiefen in der Hohwachter Bucht.

Heute hat er eine andere Aufgabe. Im Jahre 1998 wurde er vom Wasser- und Schifffahrtsamt Lübeck an das Bundeswehr-Dienstleistungszentrum in Plön übergeben und dient seither dazu, Bewohner und Besucher vor Schießübungen an Land zu warnen. Das klingt profan, zugegeben. Doch dafür bietet der Leuchtturm schon von Weitem einen ausgesprochen pittoresken Anblick, den man sich nicht entgehen lassen sollte, denn 1985 wurde sein rot-weißer Anstrich entfernt. Heute steht er in einem hübschen Backsteinkleid da, und so ziert er auch eine Sondermarke der Post in der Serie Leuchttürme – bestimmt haben Sie ihn schon einmal auf einem Briefumschlag gesehen. Wenn man wiederum den Blick von oben auf das Umland und das Meer genießen möchte, muss man allerdings den Leuchtturmtag der Gemeinde Behrensdorf abwarten. Jeweils im Juli und August findet dieser Tag der offenen Tür statt und lädt im Rahmen eines kleinen Volksfestes zur Besteigung des Turms ein.

Von dort oben erkennt man noch weit draußen auf dem Meer die Schiffe. Damals, als von hier nachts noch das Licht zur Orientierung der Seeleute ausgesendet wurde, erblickten die Besatzungen das Leuchtfeuer, sobald Wetter und Erdkrümmung es zuließen. Erdkrümmung? Ja, denn wenn man den ersten Blick auf das Licht vom Meer aus erhascht, dann ist man eben durch die Erdkrümmung entlang einer Tangente über das Meer auf Augenhöhe mit dem Leuchtturm.

Nur wenige Meter, und schon sind Sie am Badestrand Neuland. Am nahen Campingplatz können sich Kinder auf dem Spielplatz austoben.

19

Straußenfarm Ostseeblick
Ostseering 11
24257 Hohenfelde
04385907
www.straussenfarm-ostseeblick.de

KOPF IN DEN SAND

Straußenfarm Ostseeblick mit Hofbistro

Das weiß doch jedes Kind: Der Vogel Strauß steckt bei Gefahr seinen Kopf in den Sand. Ganz nach dem Motto: »Wenn ich dich nicht sehe, siehst du mich auch nicht.« Ein ziemlich – Entschuldigung – dämliches Verhalten. Nun, es ist auch schlicht nicht wahr. Die Vögel sind alles andere als feige, sie sind vielmehr äußerst wehrhaft. Darum warnt auf der Straußenfarm Ostseeblick gleich am Eingang ein Plakat: Darauf ist ein Strauß zu sehen, der mit aufgerissenem Schnabel sein bedrohliches Raubtiergebiss zeigt. Auch das gehört natürlich ins Reich der Fantasie. Zähne hat der Vogel selbstverständlich nicht. Zwar mag er zwicken, und deshalb wird hier auch gewarnt, doch wenn er sich bedroht fühlt, verlässt der Hahn sich zur Verteidigung auf seine starken zwei Zehen. Mit einem einzigen Tritt kann er sogar einen Löwen zur Strecke bringen. Und warum sollte so einer den Kopf in den Sand stecken? Ganz einfach: Strauße weiden am Boden – und sie sind reichlich neugierig. Da wird der Kopf schon mal in ein Erdloch gesteckt, um zu gucken, was sich dort drinnen verbirgt.

Dass wir all das über den größten Laufvogel der Welt erfahren und ihn auch noch live beobachten können, verdanken wir der Familie Strukat, die 1999 ihre Farm gegründet hat. Hier werden die Strauße auf großen Weiden und in Laufställen gehalten. Nicht zum Spaß natürlich, sondern ihres Fleisches wegen, das außerordentlich zart und cholesterinarm ist. Schmackhaft obendrein.

Mutig war die Familie Strukat mit der Gründung ihrer Farm auch selbst. Die Rinderzucht warf nicht mehr genug ab, ihren Bestand hätten die Strukats wesentlich vergrößern müssen. Statt aber nun den Kopf in den Sand zu stecken und aufzugeben, stiegen sie kurzerhand um und eröffneten die erste Straußenfarm in Schleswig-Holstein.

Die kurzen Körperfedern des Straußes sind ideal zum Saubermachen. Sie nehmen Staub exzellent auf. Einfaches Schütteln reicht dann zum Entstauben.

20

Museumsbahnen Schönberger Strand
Am Schierbek 1
24217 Schönberg (Holstein)
04344 2323
www.vvm-museumsbahn.de

WENN DIE BUDDENBROOKS KOMMEN

Museumsbahnen Schönberger Strand

Der Dritte-Klasse-Wagen schaukelt uns rumpelnd und ruckelnd durch Wiesen und Wald. Wir sind auf dem Weg von Schönberger Strand nach Schönberg. Während der Fahrt können wir alte Hinweisschilder lesen, die uns nostalgisch schmunzeln lassen: »Nichtraucher«, »46 Sitzplätze, 42 Stehplätze«, »40 Mann, 6 Pferde«, »Abort«. Und meinen Favoriten: »Nicht auf den Boden spucken.« In Stakendorf hält der Zug. Wobei das »in« es nicht trifft – wo das Dorf ist, kann man nur mutmaßen. Wir stehen hier buchstäblich im Wald, lediglich ein Feldweg kreuzt hinter dem Zug die Schienen, nicht einmal einen richtigen Bahnsteig gibt es. Und schon geht es weiter. Nach einer Viertelstunde Fahrt erreichen wir Schönberg.

Während die Lokomotive umgesetzt wird, kommen wir mit dem Schaffner ins Gespräch. Der Waggon, in dem wir mitgefahren sind, gehört zur Sammlung der Museumsbahnen Schönberger Strand und ist über hundert Jahre alt. Die historischen Waggons und Lokomotiven sind in den meisten Fällen die letzten ihrer Art und oftmals in keinem guten Zustand. Sie wollen liebevoll restauriert werden. Das leisten Mitglieder des Vereins *Verkehrsamateure und Museumsbahn e. V.* in ehrenamtlicher Tätigkeit. Selbst der Schaffner und der Lokführer machen ihre »Arbeit« in ihrer Freizeit. Allerdings ganz offensichtlich mit Spaß und Leidenschaft: Im Zug wird sogar jede Fahrkarte – mit einem verschmitzten Lächeln – ordnungsgemäß gelocht, genau wie früher.

Zurück am Bahnsteig in Schönberger Strand schlendern wir unter dem pittoresken Bahnsteigdach zum Ausgang. Das Dach ist viel jünger als alle Waggons und Loks des Vereins. Warum? Es wurde extra für Dreharbeiten zu *Die Buddenbrooks* errichtet. Weil der kleine Bahnhof Schönberger Strand im Film einmal den alten Lübecker Hauptbahnhof spielen durfte.

Als eines von nur drei Museen in Deutschland bietet der Verein eine Fahrt mit seinen historischen Straßenbahnen an. Die Rundfahrt dauert 15 Minuten.

21

Historischer Rundweg in Schönberg

Startpunkt:
Probsteimuseum
Ostseestraße 8–10
24217 Schönberg
04344 3174
www.probstei-museum.de

PARALLELWELTEN

Historischer Rundweg

Wer zum ersten Mal durch Schönberg geht, der wird sich alsbald über eine Beschilderung ungewöhnlicher Art wundern. Vor zahlreichen Häusern nämlich steht eine Tafel mit einem alten Schwarzweißfoto und darunter einem Text. »Tafel 9«, lesen wir etwa, »Am Markt 1 lag einst *Heuer's Gasthof.*« Oder »Tafel 31, Perserau 5, Schusterkate«; unter der Fotografie und der nachfolgenden Information findet sich noch der Hinweis: »Nächste Tafel: Perserau 6«.

Neugierig geworden, sehen wir uns das ein oder andere Mal suchend um – die nächste Tafel muss doch irgendwo zu sehen sein. Und immer wieder begegnen wir beim Lesen Namen wie Göttsch und Heuer, Ruser und Stoltenberg: Göttsch, der Landwirt, dessen Hof den großen Brand von Schönberg 1779 überstand und heute das Probsteimuseum beherbergt; Heuers Gasthof am Markt, der heute *Schönberger Hof* heißt; das Hotel *Stadt Kiel*, das der Familie Ruser gehörte. Wir lesen vom Bäcker Dittmers, vom Schuster Rath, vom Kaufmann Muhs und erhaschen für einen kurzen Moment etwas wie einen Blick in ihr Leben mit ihrem Wohnhaus oder ihrer Arbeitsstätte. Manches der Gebäude, besonders am Markt, ist noch gut zu erkennen, manchmal kaum verändert. Andere sind für immer Vergangenheit, wie die Hofstelle Stoltenberg, an deren Platz heute das Amtsgebäude und das Rathaus stehen.

Ungefähr 40 solcher Tafeln gibt es in Schönberg. Sie gehören zum sogenannten Historischen Rundweg und halten alte Ansichten des Städtchens lebendig. Das Besondere daran ist jedoch, dass man nicht in einem Museum, sondern an Ort und Stelle vor den Häusern, Katen und Gebäuden steht. Einen Spaziergang lang erlebt man Schönberg wie in zwei vereinten Parallelwelten – damals und heute zugleich. Und man erkennt, dass die kleine Stadt in der Probstei sich in den letzten hundert Jahren eigentlich recht hübsch herausgeputzt hat.

Im Probsteimuseum oder in der Buchhandlung Hergeröder in der Bahnhofstraße erhält man das »Buch zum Weg«. Es enthält Fotos und Texte der Info-Tafeln.

22

Kindheitsmuseum
Knüllgasse 16
24217 Schönberg
04344 6865
www.kindheitsmuseum.de

KEIN KINDERSPIEL

Kindheitsmuseum

Wissen Sie noch, wer der Struwwelpeter ist? Vielleicht hatten Sie selbst als Kind ein Schaukelpferd, haben Sammelbilder getauscht und mit Autos gespielt. Oder Sie gehörten zu den Leseratten und verschlangen alles, was an Büchern zu finden war.

Vielleicht haben Sie sich auch einmal gefragt, ob Ihr Spielzeug Ihre Interessen widerspiegelte oder ob es eher auf Erwartungen an Sie als Junge oder Mädchen abgestimmt war. Diesem Thema widmet sich ein Teil der Exponate im Kindheitsmuseum in Schönberg. Anhand alter Fotos wird erklärt, wie die Mädchen und die Jungen seit 1890 auf ihr Leben als Erwachsene vorbereitet wurden. Was intellektuell klingt, ist anschaulich und spannend aufgemacht. Beim Betrachten der Fotos wird einem manchmal mulmig, wie überzeugend die Kinder auf dem einen oder anderen den kleinen Erwachsenen geben. Doch dann muss man wieder schmunzeln, hält doch auf dem nächsten Bild ein Steppke sein Spielzeug so fest umarmt, wie wir es von uns selbst in Erinnerung haben. Und die ausgestellten Spiele, Puppenhäuser, Bücher, Karten tun ihr Übriges, um den Betrachter in den Bann zu schlagen. Gern schaut man an, was bekannt ist, und staunt über Spielzeuge aus der Kindheit anderer.

Auch für die Glücklichen, deren Kindheit noch andauert, ist das Museum eine Schatzkammer. Die Kleinen und die weniger Kleinen können lesen oder spielen oder an einer Schulstunde von 1900 teilnehmen. Oder sich Geschichten zu den Spielsachen von Mama, Papa, Oma, Opa und viel älteren Herrschaften erzählen lassen. Vielleicht staunt der eine Jung, die andere Deern, wie anders alles früher sein konnte, oder darüber, dass gar nicht immer alles anders war. »Kindheit – kein Kinderspiel« steht auf dem Flyer des Museums. Hier aber sind spielende Kinder nicht nur Thema, sondern herzlich willkommen!

Leseratten sei empfohlen, sich die Räume, die mit Büchern vollgestopft sind, in Ruhe anzusehen. So mancher Schatz von früher ist dort zu entdecken.

23

Segelfahrt Gefion
(März–November)
Yacht- und Gewerbehafen
Am Hafenplatz
24235 Laboe
Bordtelefon: 0172 5109307
www.gefion-info.de

DIE ENTDECKUNG DER LANGSAMKEIT

Segelfahrt mit der Gefion

Die *Gefion* liegt im Hafen von Laboe. Gebaut wurde der Fischkutter 1932 in Dänemark. Mit ihren lackierten Masten, den glänzenden Bohlen und dunkelbeigefarbenen Stoffsegeln wirkt sie wie aus einer anderen Zeit.

Der Zweimaster ist ein Haikutter. Sollte man nun denken, dass sie für den Haifischfang gedacht war, liegt man weit daneben. Die *Gefion* wurde beim Bau bereits mit einem Motor ausgestattet. Damit war sie in ihren jungen Jahren einer der ganz schnellen Fischkutter. Im Vergleich zu ihren Mitstreitern, die ausschließlich auf Windkraft angewiesen waren, erreichte sie die Fischgründe bedeutend früher und machte konkurrenzlos fette Beute. Auf der Rückfahrt abermals schneller, lief sie als einer der ersten Kutter in den Hafen ein, und so konnten ihre Fischer den Fang bestens auf dem Markt verkaufen und das auch noch zu prächtigen Preisen. Und weil Haie im Zusammenhang mit Geld schon immer gierig waren, wurden diese motorisierten Fischerboote »Haikutter« genannt.

Heute ist die Attraktion allerdings weniger der knurrende Motor oder die für damalige Verhältnisse gleichmäßig hohe Fahrtgeschwindigkeit als genau das Gegenteil: die Ruhe, die eintritt, wenn die *Gefion* die Fahrrinne der Kieler Förde erreicht hat und der Motor abgeschaltet wird. Die Zeit bleibt fast stehen, es ist, als dehne das Meer sich um das Schiff immer weiter und weiter gen Horizont aus. Unter Segeln geht es gemächlich entlang der Küste. Das leise Schwappen der Wellen kann man dabei genießen ebenso wie das Knarren der Schiffsbohlen und die fast klischeehaften Schreie der Möwen. Eine völlig neue Erfahrung eben.

Die *Gefion* bietet kurze Fahrten oder auch Tagestouren, sogar mehrtägige Törns. Der Reisende erfährt nicht viel Interessantes, sondern darf durchaus auch tatkräftig beim Segelsetzen helfen.

Laboe ist immer einen Ausflug wert: Die Promenade lädt zum Shoppen ein, der Strand zum Baden und kulinarisch gibt es hier etwas für jeden Geschmack.

24

Irrgarten Probsteierhagen
Alte Dorfstraße 100
24253 Probsteierhagen
04348230
www.irrgarten.biz

IRRUNGEN UND WIRRUNGEN

Irrgarten mit Ausflugslokal

Viele Wege führen nach Rom. Glaubt man jedoch, in einem Irrgarten würden auch viele Wege zum Ziel im Zentrum führen, so irrt man gleich schon einmal ganz gewaltig, bevor man das verwirrende Gängegeflecht auch nur betreten hat. Wir tun es trotzdem und uns die wirren Wendungen des Irrgartens in Probsteierhagen an, um uns selbst zu verwirren und dennoch möglichst unbeirrt zum Turm zu finden.

Dieser kleine Aussichtsturm in der Mitte des Irrgartens bietet einen Überblick über die Heckenanlage und den Garten, an deren Ende sie sich ausbreitet. Sauber gestutzt sind die Weiß- und Rotdornbüsche und so dicht, dass man nur selten einen Blick auf den nächsten Gang dahinter erhaschen kann. Das ist kein Wunder, denn sie werden liebevoll gepflegt. Und gerade deswegen findet man solche Irrgärten nicht an jeder Ecke: Im Gegensatz zu den schnelllebigen Maislabyrinthen, die nur eine Sommersaison lang existieren, will eine Heckenanlage mühsam über Jahre aufgebaut werden. Der immerhin 2.000 Quadratmeter große Irrgarten in Probsteierhagen wurde ursprünglich 1927 angelegt. Damals wuchsen hier Maulbeerhecken, die neben der rein ästhetischen Freude auch einem anderen Zweck dienten: der Raupenzucht. In den 1940er-Jahren mussten sie ersetzt werden, da sie durch die harten Winter in diesem Jahrzehnt zu stark gelitten hatten. Wie man sieht, bedarf der Erhalt so einer Anlage einiger Mühen, und so verwundert es nicht, dass der Probsteierhagener Irrgarten in Norddeutschland einzigartig ist.

Wer lässt sich schon gerne in die Irre führen? Aber manchmal macht es trotzdem Spaß, verwirrt durch wirre Gänge zu irren. Von jenseits der Büsche Stimmengewirr zu hören. Vom Turm aus andere Gäste ganz schön verwirrt herumirrren zu sehen. Hauptsache, man verirrt sich nicht für immer im Irrgarten.

Wer heil wieder aus dem Irrgarten herausgefunden hat, kann sich bei einer Partie Minigolf erholen oder im zur Anlage gehörenden Restaurant stärken.

25

Schloss Hagen
Schloßstraße 16
24253 Probsteierhagen
0434891888
www.schloss-hagen.de

Fluch oder Segen?

Schloss Hagen

Das Schloss Hagen steht in Probsteierhagen, doch ganz einfach zu finden ist es nicht. Den kleinen Wegweiser in einer Kurve mitten im Dorf übersieht man leicht. Biegt man aber dort ab, so fährt man bald durch das ehemalige Torhaus und dann direkt auf das Schloss zu.

Eigentlich ist es das Herrenhaus eines Gutes, gebaut im 17. Jahrhundert. Um das Gebäude herum wurde nach damaliger Mode ein Schlossgraben angelegt, das wirkte schließlich repräsentativ. Später baute man einen Südflügel in der Bodensenke des Grabens – vielleicht war dadurch bereits die Katastrophe angelegt, denn irgendwann zog der Hausschwamm in das stattliche Gebäude ein. Schon Ende des 19. Jahrhunderts fiel die wunderschöne Stuckdecke im Pogwischzimmer einer ersten Sanierung zum Opfer. Im Jahre 1930 erstand die Gemeinde Probsteierhagen das Anwesen und nutzte es unter anderem als Schule. 2005 kam dann der Schock: Der Hausschwamm hatte sich ausgebreitet und zwar so sehr, dass umfangreiche Sanierungsmaßnahmen unumgänglich waren. Ein teures Vergnügen. Das Ergebnis lässt sich jedoch sehen. Die restaurierten Räumlichkeiten erstrahlen im alten Glanz und können heute zum Teil für Hochzeiten, Tagungen und Feste gemietet werden.

Im Pogwischzimmer erwies sich allerdings, dass der Hausschwamm nicht immer nur ein Fluch ist, sondern in besonderen Glücksfällen auch mal ein Segen sein kann: Bei der Sanierung entdeckte man unter dem weißen Anstrich eine barocke Stucco-lustro-Malerei, die gerettet und komplett restauriert werden konnte. Stucco lustro? Die Raumdekoration mit Marmorsäulen und -wänden im mediterranen Design ist illusionistisch aufgemalt. Ohne den Schwamm wäre dieser wunderbare Schatz wohl so schnell nicht gefunden worden – auch wenn einer der Mieter schon vorher ein kleines Fleckchen der Malerei entdeckt und durch Plastikfolie geschützt hatte. Was es nicht alles gibt!

Der Schlosspark wurde als Landschaftspark im englischen Stil angelegt und ist jedem zugänglich. Ein Spaziergang durch den Park lohnt sich auf jeden Fall.

26

Kapelle Sophienhof
Plöner Landstraße 112
24211 Schellhorn

BAUSTIL DER BESONDEREN ART

Kapelle Sophienhof

Seit 2004 führt die Bundesstraße 76 auf ihrer Strecke von Kiel nach Plön in einem weiten Bogen um die kleine Stadt Preetz und das Dorf Schellhorn herum. Dadurch verpasst der eilig Reisende ein bemerkenswertes Gebäude, an dem man auf der alten Trasse noch direkt vorbeifuhr: die Kapelle Sophienhof.

Ihre gelben Backsteinwände und das graublaue Dach sind ungewöhnlich. Noch eigentümlicher ist allerdings ihre Form mit den Rundungen und dem zwiebelförmigen Dach des Glockentürmchens, das den Chor nach oben hin abschließt. An eine russische Kirche erinnert die Kapelle, und das war auch die Absicht von Ludwig Nikolaus Johanssen, der sie erbauen ließ.

Die Lübecker Kaufmannsfamilie Johanssen hatte Mitte des 19. Jahrhunderts das Gut Sophienhof erstanden. Ludwig Nikolaus unterhielt Handelsbeziehungen ins Baltikum und hatte dort den Baustil der russisch-orthodoxen Kirchen kennengelernt, der ihm ausnehmend gut gefiel. So gut, dass er ihn für die Kapelle auf seinem Anwesen adaptierte. Im Jahr 1873 ließ er von Heinrich Carl Scheel, einem gebürtigen Hamburger, der an der Akademie der Künste in St. Petersburg studiert hatte, das Gebäude im byzantinischen Stil errichten. Mit dem Gotteshaus wollte Johanssen den Bewohnern des Gutes ebenso wie den Menschen der Umgebung die lange Strecke zum Gottesdienst nach Preetz oder Lebrade ersparen. Auch Passanten waren willkommen, wie die Inschrift »Dem Wanderer zur Einkehr« über dem mittleren Rundbogen des Eingangsportals verkündet.

Zwischen Bäumen und Büschen ein wenig versteckt, springt das bemerkenswerte Kirchlein mit seinen Buntglasfenstern Vorüberfahrenden erst im letzten Moment ins Auge. Zumindest denen, die sich die Zeit und die alte Strecke über die B76 nehmen.

An der Kapelle steht eine alte knorrige Buche. Ihre faszinierende Form fällt vor allem in der blätterlosen Jahreszeit auf.

27

Adeliges Kloster Preetz
Klosterhof 5
24211 Preetz
04342 86829
www.klosterpreetz.de

EIN KULTURDENKMAL MIT CHARME

Adeliges Kloster Preetz

Das barocke Torhaus des Klosters Preetz lässt uns ein in die noch weitgehend erhaltene Anlage. Eine kurze Allee aus stattlichen Linden führt auf den Platz vor der Klosterkirche, die von einer weit ausladenden Eiche beherrscht wird.

Das Nonnenstift wurde im 13. Jahrhundert als Benediktinerinnenkloster gegründet. Anfang des 16. Jahrhunderts war der klösterliche Besitz auf 41 Dörfer angewachsen, deren Bauern schon damals keine Leibeigenen, sondern als Personen frei waren und eine Pacht zahlten. Auch ein Siechhaus, in dem kranke und alte Menschen unterkamen, wurde von den Nonnen unterhalten. Im Zuge der Reformation wurde das Kloster in ein Damenstift für die unverheirateten Töchter des Adels, die sogenannten Konventualinnen, umgewandelt. Auch heute noch verwaltet der Klostervorstand, bestehend aus der Priorin und dem Klosterprobst, den Besitz, und dem Konvent gehören noch immer einige Stiftsdamen an.

Um die Kirche gruppieren sich die Gebäude, in denen der Probst, die Priorin, die Konventualinnen und andere wie der Klosterschreiber oder das Schulfräulein wohnten. Ein Gang durch die Anlage lohnt sich. Nicht nur die kunsthistorischen Schätze der Klosterkirche sind sehenswert. Schlendert man vorbei an den erhaltenen Häusern, so spürt man eine Ruhe und Abgeschiedenheit, die in angenehmem Kontrast zu der befahrenen Straße vor dem Torhaus stehen. Obwohl auch hier Autos fahren, Touristen wandeln, wirkt die Anlage wie aus einem anderen Jahrhundert. Ein faszinierendes Erlebnis, das durch die Schönheit der Gebäude gekrönt wird. Wer sich für alte Holztüren begeistern kann, der kommt hier auf seine Kosten. Erwähnt sei vor allem die Eingangstür des Hauses Nummer 18 mit ihrem Rokoko-Oberlicht. Da wünscht man sich, hier zu wohnen. Unmöglich ist das nicht: Hier werden tatsächlich Wohnungen vermietet.

Wollen Sie mehr über das Kloster erfahren? An jedem Wochentag werden nachmittags Führungen angeboten, an einigen Wochentagen auch vormittags.

28

Holzschuhmacherei Lorenz Hamann
Wakendorfer Straße 17
24211 Preetz
04342 81217
www.preetzer-holzschuhe.de

Holzpantoffel XXL
Ecke Garnkorb/
Mühlenstraße
24211 Preetz

PANTOFFEL-HELD

Holzschuhmacherei Lorenz Hamann

Die »Schusterstadt« wird Preetz genannt und macht damit Werbung: Einen schönen Tagesausflug bietet die ausgewiesene *Schusteracht*, ein 74 Kilometer langer Rad-, Wander- und Reitweg um die kleine Gemeinde herum. Aber wie ist es in Preetz mit dem Schuhmacherhandwerk in Wirklichkeit bestellt? Schuster sind tatsächlich noch ansässig, doch dies ist auch andernorts der Fall. In Preetz dagegen lebt ein besonderer, der Holzschuhmacher Lorenz Hamann, einer der letzten seiner Zunft nicht nur in Schleswig-Holstein, sondern in Deutschland.

Die Werkstatt öffnete bereits 1846 ihre Tore. Bei einem Besuch kann man neben den Gerätschaften hölzerne Pantoffeln bestaunen, wie sie jahrhundertelang hergestellt wurden: für jeden Zweck das richtige Schuhwerk. Wenn der Fischer im brodelnden Meer seine Netze einzog, konnte er sich auf seine Schuhe verlassen. Sie gaben sicheren Halt durch den »Knaggen«, einem Steg unter der Sohle, der quer zum Fuß verläuft – damit konnte sich der Seemann bei seiner schweren Arbeit an der Bordwand abstützen und kam nicht ins Rutschen. Auch der Schmied dankte dem Schuster Sicherheit. Wenn die Funken unter dem Hammer flogen, steckten seine Füße geschützt unter einer weit hochgezogenen ledernen Kappe im Pantoffel.

Heute stellt Lorenz Hamann neben Pantoffeln Schuhe, Sandalen und Stiefel aus Holz her. Gerne empfängt er interessierte Gäste in seiner Werkstatt, die sich seit den Anfängen des Betriebs nur wenig verändert hat, und erklärt die Modelle und ihre Besonderheiten. Dabei führt er seinen Besucher gerne mal augenzwinkernd ein wenig an der Nase herum. Man hört ihm fasziniert zu, wie er begeistert und begeisternd über sein Handwerk spricht. Was so ein Holzschuh hergibt, ist wirklich erstaunlich!

Am Garnkorb stellt die Schusterstadt Preetz den *Holzpantoffel XXL* aus. Natürlich hat Lorenz Hamann an diesem Stück der Größe 459 mitgearbeitet.

29

Antik-Hof Bissee
Eiderstraße 13
24582 Bissee
04322 2500
www.antikhof-bissee.de
www.skulptur-in-bissee.de

FÜR ALLE BEDÜRFNISSE

Antik-Hof Bissee

»Alles unter einem Dach!«, könnte das Motto des *Antik-Hofs Bissee* lauten. Wobei das nicht ganz stimmt, denn genau genommen sind es mehrere Dächer, unter denen sich verschiedene Angebote präsentieren.

Die Vielfalt überrascht. Das Restaurant bringt Speisen der gehobenen Küche auf den Tisch. Die Zutaten kommen aus der Region, was sich ebenfalls auf der Karte widerspiegelt. Auf ihr stehen Malenter Maishähnchenbrust oder Wildbratwurst von der Fleischerei Einfeld aus dem nahe gelegenen Negenharrie an. Der Spargel stammt aus Preetz, Boksee ist die Heimat des leckeren Ziegenkäses. Die Gaumenfreuden genießt man im alten Kuhstall, der mit seinem gemütlichen Ambiente selbst bei Schietwetter Herz wie kalte Füße erwärmt. Ein prasselndes Feuer im großen Kamin leistet dazu einen nicht unwesentlichen Beitrag.

Gleich neben dem Restaurant streifen wir bei *Russ Einrichtungen* im ehemaligen Pferdestall durch eine Ausstellung dekorativer Möbel und Accessoires für die Innenausstattung, während wir im hübsch dekorierten Gartenhaus für das eigene grüne Paradies Blumen erstehen. Ein Hofladen sorgt zudem dafür, dass wir für einen gemütlichen Abend auf unserem Sofa regionale Produkte mitnehmen können. Honig, Käse und Wurst aus Schleswig-Holstein machen nur einen Teil des kulinarischen Angebots aus. Ergänzt wird es durch eine bunte Auswahl an erlesenen Weinen, allerdings nicht aus der Region.

Seit 1973 bewährt sich das Konzept der Gründerin Renate Stamer, einen alten Bauernhof mit einem derartig breiten, attraktiven Angebot zu beleben. Im Jahre 2017 übergab sie ihn an den heutigen Besitzer Arend Hesse, der die Anlage einer Verjüngungskur unterzog. Auch in Zukunft können wir in Bissee speisen und shoppen, nun unter neu gedeckten Reetdächern.

Mit seinen etwa 180 Einwohnern ist Bissee recht klein, blickt aber dennoch auf eine lange Geschichte zurück: Bereits 1224 wurde es urkundlich erwähnt, damals noch als »Bisticesse«.

30

Skulpturensommer
(Mai–Oktober)
Skulptur in Bissee
Eiderstraße 13
24582 Bissee
04322 3360
www.skulptur-in-bissee.de

Russ Einrichtungen GmbH
Eiderstraße 13
24582 Bissee
04322 3360
www.russ-einrichtungen.de

FELDVERSCHÖNERUNG

Skulpturensommer in Bissee

Von Mai bis Oktober verwandelt sich das beschauliche Dörfchen Bissee am Bothkamper See in eine Art Freilichtmuseum. Auf etwa 160 Einwohner kommen alljährlich viele, viele Besucher. Angezogen werden sie von einer einmaligen Kunstausstellung.

Installationen und Großskulpturen von Bildhauern und Künstlern aus dem norddeutschen Raum werden während des *Skulpturensommers* im Freien präsentiert. In Gärten, auf Wiesen und Feldern entdeckt man steinerne Monumente, Figuren oder Ensembles, und sie alle regen die Fantasie an. Bisweilen zeigen Kühe oder Schafe, dass auch sie sich für Kunst interessieren, indem sie die Skulpturen auf ihrer Koppel genauer unter die Lupe nehmen. Jedermann kann kommen und bei einem gemütlichen Spaziergang durch das kleine Dorf die ausgestellten Stücke ansehen. Und das zu jeder Tages- und Nachtzeit und ganz ohne Eintritt.

Ins Leben gerufen wurde das »Museum ohne Wände und Öffnungszeiten« vom Verein *Skulptur in Bissee e. V.* Die erste Ausstellung war bereits 1998 zu sehen. Der Verein unterstützt die Künstler vor allem auch beim aufwendigen und kostspieligen Transport der zum Teil sehr großen und schweren Exponate. So schafft er eine ganz eigene und charmante Plattform für die Präsentation von Großskulpturen.

Wer nicht nur schauen, sondern auch etwas mitnehmen möchte, dem sei ein Besuch bei *Russ Einrichtungen* empfohlen. Im Antik-Hof ansässig, bietet *Russ* neben Antiquitäten auch neue Möbel, oftmals sogar Unikate. Dort können Sie zudem Ihr Auto parken, ohne den bäuerlichen Betrieb im Dorf. Falls Sie Interesse an einem der Einrichtungsgegenständen haben, sollten Sie darüber nachdenken, zu Ihrem Besuch in Bissee mit einem größeren Fahrzeug anzureisen.

Für Interessierte, die tiefer in die Materie eintauchen möchten, bietet der Verein auch sachkundige Führungen zu den Ausstellungsstücken an.

VON KIEL BIS NACH FLENSBURG

Karen Lark

31

Kieler Rathaus
Fleethörn 9–17
24103 Kiel
Rathausturmfahrt
(Mai–September):
0431/ 679100
www.kiel-sailing-city.de
www.kiel-tourist.de

DREI MANN HOCH

Rathausturm

Als der Kieler Rathausturm 1911 gebaut wurde, stand der Turm auf dem Markusplatz von Venedig Pate. Das ruft manch nachsichtiges, aber durchaus auch immer wieder ein spöttisches Lächeln bei Leuten hervor, denen der Kieler Ureinwohner stolz darüber berichtet. Zugegeben, unser Turm ist deutlich stämmiger und weit weniger filigran als der Campanile di San Marco, wie des venezianischen Turms ebenso filigraner italienischer Name lautet. Aber wir sind hier ja auch nicht in einer geschützten Lagune an der Adria. So ein bisschen mehr steife Brise muss unser »Campanile« schon abwettern können. Mit knapp 106 Metern ist er sogar ungefähr sieben Meter höher als der Italiener. Aber etwas anderes unterscheidet ihn ganz besonders: Die goldene Kugel auf seiner Spitze. Und da sind wir wieder bei so einer Kieler Sondererscheinung: Es ist doch gar keine Kugel. Nein, zugegeben, das goldene Ding ist eiförmig. Aber das klingt doch nicht so edel, oder?

Über dieses Ei kann man jedoch Wunderbares erzählen: Dort oben in diesem Kugelei spielen drei Mann Skat. Fortwährend. Ohne Unterlass. Das glauben Sie nicht? Wissen Sie was? Ich auch nicht. Aber es ist zu schön, den minutenlangen Zweifel im Gesicht von Gästen zu sehen, wenn man ihnen diese alte Stadtsage auftischt. Ehe sie erleichtert lächeln und grinsen: Du nimmst mich doch auf den Arm.

Auf den Arm nicht, aber auf den Turm – unser Wahrzeichen, das man von mancher großen Einfallstraße schon erblickt. Besonders von der aus Süden kommenden B404. Hat man das Vieburger Gehölz und Kiel-Kronsburg hinter sich gelassen, eröffnet sich unvermittelt ein einladender Blick auf die Landeshauptstadt. Im Zentrum erhebt sich stolz der Rathausturm, und die goldene Kugel auf seiner Spitze glitzert im Sonnenlicht. Vielleicht schaut aber doch jemand gerade von seinen Karten auf und winkt herüber. Ja, vielleicht.

Um einen Blick vom Rathausturm zu werfen, empfiehlt sich eine Rathausturmfahrt (im Sommer mit Vorbuchung). Im Rathaus kann man eine Runde mit dem Paternoster drehen – in Begleitung eines Mitarbeiter der Landeshauptstadt Kiel.

32

Schifffahrtsmuseum Fischhalle
Wall 65
24103 Kiel
0431 9013428
www.schifffahrtsmuseum-kiel.de

MARITIME SEELE DER STADT

Schifffahrtsmuseum Fischhalle

Früh am Morgen legten die Fischerboote mit ihrem Fang am Kai vor der Fischhalle an. Eilig brachte man die Ausbeute an Land. Der Trubel war groß, im Hin und Her der Kisten und der Menschen herrschte augenscheinlich Chaos, doch jeder hier wusste genau, was er tat. Die Großhändler standen an den beiden acht Meter langen Seewasserbehältern, die in den Boden der Halle eingelassen waren, die lebenden Fische wurden aus den Netzen in die Behälter geschüttet. Es platschte, polterte, pulsierte allenthalben. Wasserpfützen breiteten sich auf dem Boden aus, mit lauten, durchdringenden Rufen priesen die Fischweiber ihre Ware an, Stimmen klangen durcheinander, Geld wechselte den Besitzer.

So oder ähnlich muss man sich den Tag an der 1910 eingeweihten Fischhalle vorstellen. Damals bot sie mit den zwei Seewasserbecken und Verkaufsständen mit eigenen Bassins sowie »fliegenden« Ständen im Innern den Fischern und Händlern die Möglichkeit, die leicht verderbliche Ware unter modernsten hygienischen Bedingungen schnell umzuschlagen. Am Vordereingang gab es direkten Anschluss an das Schienennetz, nach hinten hinaus erreichte man die Straße. Von außen betrat man mehr als zwei Dutzend kleiner und größerer Läden, die Räucherfisch feilboten. Über allem wachte an der nordöstlichen Ecke der Halle der Schutzpatron der Fischer, der Heilige Petrus, der auch heute noch ernst auf die Förde hinausblickt.

Wie durch ein Wunder überstand die Fischhalle die Bombenangriffe des Zweiten Weltkriegs ohne ernste Schäden. Der Fisch jedoch wurde fortan anderswo umgeschlagen, am neuen Seefischmarkt auf der anderen Seite der Förde, gleich an der Schwentinemündung. Heute beherbergt die Fischhalle Kiels Schifffahrtsmuseum. Seit 2014 ist nach aufwendiger Sanierung eine maritime Dauerausstellung zu sehen.

Vor der Fischhalle liegt die Museumsbrücke mit drei Oldtimern, die besichtigt werden können: einem Seenotrettungsboot, einem Dampfschiff und einem Feuerlöschboot.

33

Kieler Hafen
24105 Kiel

GROSSE WEITE WELT

Hafen

Wir Kieler wissen es, und es schmerzt uns wahrlich: Wir leben in undankbarer Randlage. Kiel mag als Großstadt gelten und dazu noch eine Landeshauptstadt sein, doch es hilft nichts – es befindet sich schlicht weit weg von allem, was angesagt ist. Wenn es nicht gerade Dänemark oder Hamburg sein soll, liegt Kiel am Ende der Welt oder zumindest des Landes. Zieht es uns Kieler in den Süden, kommen wir meist um den Elbtunnel nicht herum. Und der blockiert uns durch zähe Staus meist den Weg und lässt ihn noch weiter erscheinen …

So oder so ähnlich hat sicher jeder Kieler schon einmal aufgeseufzt. Dabei muss man nur die andere Seite der Medaille betrachten. In unserem geografischen Fall die Wasserseite. Statt sehnsüchtig landeinwärts, brauchen wir nur hoffnungsfroh aufs Meer zu schauen. Und die Küste nicht als Endstation, sondern als Startpunkt zu begreifen. Der Hafen bietet ein Tor zur großen weiten Welt. Fähren nach Göteborg, Oslo und Klaipeda laden ein, übers Meer kommt man mit ihnen von Kiel bis nach Sankt Petersburg. Schweden, Norwegen, Litauen, Russland. Die großen Kreuzfahrtschiffe bringen Besucher aus noch viel mehr Herren Länder. Die weißen Aufbauten der Passagierdampfer und Autofähren erheben sich im Innenbereich der Förde, im Herzen der Stadt. Nicht einmal Hamburg kann mit solch malerischem Anblick im Zentrum dienen.

Und auf einmal wirkt Kiel gar nicht mehr so provinziell. Gerne schauen wir über den Hafen, manchmal liegen vier oder fünf der schimmernden Schiffe gleichzeitig dort vor Anker und verschönern neben dem Anblick auch unsere Sichtweise auf diese Stadt. Wir können mehr als nur ein bisschen stolz sein auf unser maritimes Kiel.

Bummeln Sie vom Schlossgarten über die Kaistraße bis zur Hörnbrücke. Entlang der Kaiserstraße bis zum Ostseekai zeigen sich die Pötte mit ihrer imposanten Größe. Ein toller Ausblick bietet sich vom oberen Teil der Gablenzstraße.

34

Begleitfahrt zur *Wind-jammer*-Segelparade
Startpunkt: An der Hörn
Kaistraße
24114 Kiel

Buchung:
Kiel-Marketing e. V.
Neues Rathaus
Andreas-Gayk-Straße 31Bb
0431 679100
24103 Kiel
www.kiel-sailing-city.de

KIELER WOCHE, AHOI!

Begleitfahrt zur *Windjammer*-Segelparade

Es ist *Kieler Woche*, die wichtigste Zeit in der »Sailing City«. Jedes Jahr werden auf der Außenförde, in mehreren »Bahnen« entlang der Küste oder draußen auf der Ostsee Regatten ausgetragen. Am zweiten Samstag steht ein Höhepunkt des Großereignisses an: die *Windjammerparade.* An die 100.000 Zuschauer lassen sich diesen maritimen Augenschmaus nicht entgehen. Wr wollen dieses Mal die zahlreichen Traditionssegler nicht vom Ufer aus betrachten, sondern mittendrin dabei sein, und haben eine Begleitfahrt auf einem Zweimastschoner gebucht.

Um elf Uhr zum offiziellen Start der *Windjammerparade* haben die Schiffe ihre Plätze eingenommen. In diesem Jahr führt einmal mehr die *Gorch Fock* zusammen mit der *Krusenstern* das Feld an. Unser Schiff hat sich vorne mit abgesetzt, und nun beobachten wir, wie hinter uns Hunderte Segelschiffe, dampfbetriebene Oldtimer und Segeljachten aus der inneren Förde aufs offene Meer zusteuern. Der Anblick ist atemberaubend. Ein Großsegler neben dem anderen pflügt durch die Wellen, dazwischen wuseln unzählige kleine Boote. Das Meer an Schiffen scheint kein Ende zu nehmen. Bis zum Horizont sehen wir weiße Segel, die dicht nebeneinander im Wind flattern. Wir wünschten, der Tag würde in Zeitlupe ablaufen, so viele Details und Szenen gibt es zu betrachten und derart faszinierend ist das gesamte Schauspiel auf dem Wasser. Als wir uns schließlich auf den Rückweg machen, sind wir fast benommen von den wunderbaren Eindrücken.

Die *Kieler Woche* ist ohne die *Windjammerparade* kaum noch vorstellbar. Dabei besteht diese Tradition erst seit 1998. Obwohl das beeindruckende Ereignis noch jung ist, wundert es nicht, dass es den Menschen in kurzer Zeit ans Herz gewachsen ist – nicht nur uns Kielern.

Der Name der Parade rührt nicht daher, dass der Wind in der Takelage »jammert«. Er leitet sich vom englischen »to jam the wind« ab, »den Wind blockieren«.

85

Kieler Woche
(Juni)
An der Hörn
Kaistraße
24114 Kiel
www.kieler-woche.de

DIE »INTERNATIONALE MEILE«

An der Hörn

International darf es sein? Aber der Internationale Markt auf dem Rathausplatz ist einfach zu voll, die Schlangen vor den Buden zu lang und Sitzplätze zu knapp? Da kenne ich eine gute Ausweichmöglichkeit: Die Stände entlang der Hörn auf der Bahnhofsseite. Gut, es gibt nicht so viel Auswahl wie am Rathaus. Und es sind auch viele 0815-Buden dort zu finden. Doch wer in Richtung Hörn Campus schlendert, entdeckt das, was ich insgheim die »internationale Meile« getauft habe. Ein arabisches Wohnzimmer, ein südamerikanischer Stand, ein irischer Pub … So einige Regionen sind hier das eine oder andere Jahr vertreten. Manche Stände umfassen eine winzige Bühne, auf der passend zum Gastgeber Sänger oder kleine Gruppen Musik machen.

In diesem Jahr bleiben wir am griechischen Stand hängen. Es ist der letzte Abend der *Kieler Woche.* Mit einem Retsina wollen wir uns vom diesjährigen Kieler Haupt-Event verabschieden. Während wir den Wein genießen, läuft im Fernseher ein Spiel der Griechischen Fußballmannschaft. Der Gegner führt, aber in der zweiten Halbzeit fällt der Ausgleich. Alle am Stand jubeln. Unsere Gläser sind leer, aber jetzt können wir unmöglich gehen. Wir müssen unsere netten Wirte unterstützen und werden für die Nachspielzeit und das Elfmeterschießen selbst zu Griechen. Doch es nützt nichts. Am Ende verliert unser Gastgeberland. Eine Runde Ouzo wird trotzdem ausgegeben. Und dann trösten wir uns ganz nach dem Vorbild von Alexis Sorbas: Ein flotter Sirtaki vertreibt unseren Frust.

Längst ist es weit nach ein Uhr. Die *Kieler Woche* ist vorbei, alle anderen Stände liegen verlassen da. Trotz der Niederlage auf dem Feld machen wir uns beschwingt auf den Heimweg. Ade *Kieler Woche.* Bis zum nächsten Mal an der Hörn. Und ja: International darf es sein!

Musikfreunde sollten sich den meist kostenlosen Auftritt der Bands während der Kieler Woche nicht entgehen lassen. Und manch unbekannten, aber guten Musiker entdeckt man auch immer wieder.

86

Schokodeern
Holtenauer Straße 106
24105 Kiel
0431 26094400
www.schokodeern.de

EIN PARADIES FÜR NASCHKATZEN

Konditorei-Café *Schokodeern* auf der Holtenauer

Sind Sie auch eine ausgemachte Naschkatze? Dabei aber wählerisch und immer auf der Suche nach dem Besonderen? Dann müssen Sie unbedingt bei der Schokodeern vorbeischauen, einer kleinen, aber feinen Chocolaterie in Kiel. Ein bisschen gefährlich ist es ja schon, wenn man in dem gemütlichen Café auf einen Kaffee und ein Stück Torte Station macht. Denn das ist beileibe nicht alles, was hier geboten wird. Pflaumenbaum und Bienenkorb, Luettfisch und Rotweinfatt heißen die Leckereien, die es hier auch noch gibt. Aber das ist nur eine winzige Auswahl.

Die geniale Idee zu diesem Ort der Verführung hatte Lydia Rahaus. Ihre Pralinen wie auch die Torten und alle anderen Leckereien werden seit 2008 von ihr und ihrem Team selbst kreiert und handgemacht. Dabei verwenden die Schöpfer ausschließlich Produkte aus biologischem Anbau, die von regionalen Herstellern kommen. Frisch sind sie immer, und manchmal dauert die Herstellung einer Spezialität wie der Süderbries aus Honigmarzipan, Orangenlikör und Orangenfond gar drei ganze Tage.

Eines ist jedenfalls klar: Wenn Adam die Schokodeern gekannt hätte, würde er noch immer glücklich durch das Paradies wandeln. Den schnöden Apfel vom Baum der Erkenntnis hätte er höchstens mit einem Schokoladenmantel aus der Hand der Deern gegessen – doch so hätte Eva das niemals hinbekommen. Wer kann's ihr verdenken, sie war ja auch niemals wie Lydia Rahaus' Chef-Patissière dort, wo Schokoladenverstand geradezu angeboren ist: in der Schweiz. Die Adonisfigur wäre Adam aber vielleicht abgegangen. Am besten fangen wir also schon einmal mit der Diät an, dann können wir wenigstens ohne allzu großes schlechtes Gewissen bei den vielfältigen Verführungen zuschlagen. Wäre ja zu schade, sich das entgehen zu lassen. Als Naschkatze mit dem besonderen Geschmack.

Sie haben keine Zeit, nach Kiel zu kommen, und keinen Laden mit Schokodeern-Leckereien in der Nähe? Macht nichts – man kann auch übers Internet bestellen.

37

Botanischer Garten der Universität zu Kiel
Am Botanischen Garten 1–9
24118 Kiel
0431 8804276
www.botanischer-garten.uni-kiel.de/de

DIE KÖNIGIN VON KIEL

Botanischer Garten

Es gibt viele Pflanzen im Botanischen Garten – wahrscheinlich im wahrsten Sinne des Wortes unzählige. Darum geht es schließlich in einer solchen Anlage. Bei meinen vielen Streifzügen habe ich so manche von ihnen kennengelernt. Bei den Rosenbeeten gibt man sich dem betörenden Duft der verschiedenen Arten hin, die Heidelandschaft fasziniert mit den typischen Wacholderbüschen und im Alpinum wird man in die schwindelnden Höhen der Hochgebirge versetzt. Und das ist nur eine winzige Auswahl dessen, was der Botanische Garten zu bieten hat.

Hier gibt es viele schöne Plätze, an denen man verweilen kann. Am liebsten jedoch besuche ich eines der Schaugewächshäuser. Die Atmosphäre ist schwül-heiß – man befindet sich hier in den Tropen. Temperatur wie auch Luftfeuchtigkeit sind eigentlich nichts für mich als waschechte Schleswig-Holsteinerin. Ich tue es mir trotzdem immer wieder an, eine Weile zu bleiben. Hier gedeiht nämlich meine absolute Lieblingspflanze. Dies ist ihr »eigener« Palast, denn dieses Gewächshaus ist nach ihr benannt: Victoria-Haus. Es ist eines der größten, und das gebührt meiner Lieblingspflanze auch. Schließlich ist sie selbst eine der größten ihrer Art. Darf ich vorstellen? Sie heißt *Victoria cruziana*, und sie ist die Königin der Seerosen. An Superlativen hat sie einiges zu bieten: Bis sie ausgewachsen ist, vergehen nur drei Monate. Ihre runden Blätter erreichen einen Durchmesser von bis zu zwei Metern. Auf der Unterseite, die auf dem Wasser liegt, verfügen sie über luftgefüllte Rippen, die ein ausgewachsenes Blatt selbst mit Regenmengen von bis zu 40 Litern vor dem Sinken bewahren.

Den Namen hat meine Lieblingspflanze übrigens 1837 erhalten. Standesgemäß wurde sie nach einer Königin benannt, der englischen Queen Victoria. Etwas anderes wäre auch eine Beleidigung Ihrer Majestät gewesen.

Im Arboretum Amerika kann man die Ponderosa-Kiefer bestaunen. Sie ist Namensgeber für die Ponderosa Ranch in der amerikanischen Fernsehserie *Bonanza*.

88

Gut Warleberg
Warleberg 8
24214 Neuwittenbek
04346 7077
www.warleberg.de

WER »ENTBEERT« DA WAS?

Gut Warleberg

Seit 1920 wird Gut Warleberg, inzwischen in vierter Generation, von der Familie Buchenau bewirtschaftet. Das ist schon eine ordentliche Zeitspanne. Nicht ganz so lang ist es her, dass bei der Bewirtschaftung auf Obstplantagen umgesattelt wurde. Erst seit 1992 ist Warleberg ein Obsthof.

Wir Kieler genießen gern die frischen Früchte, die direkt vor den Toren unserer Stadt reifen. An vielen Stellen in Kiel können wir sie gleich an hofeigenen Ständen einkaufen, die sich ab Juni vor den Supermärkten finden. Einer ist immer in der Nähe. Und dann fragt man sich: Was darf es sein? Rot wie die Erdbeeren oder lieber dunkler wie die Süßkirschen? Schattenmorellen und Himbeeren, Heidelbeeren und Sauerkirschen, und nicht zu vergessen die saftigen Johannisbeeren – sie alle stehen zur Auswahl. Natürlich nicht gleichzeitig, denn jedes Obst hat selbstverständlich seine eigene Erntezeit.

Zum Ernten allerdings können wir auch selbst hinaus auf den Hof fahren. Und mal ehrlich – was gibt es wohl Schöneres, als zwischen den Reihen der Erdbeerpflanzen zu hocken und sich die reifsten und leckersten Früchte auszusuchen? Es macht den Kohl nicht fett, dass durchaus die eine oder andere Erdbeere dabei den Umweg über Sammelkorb und Waage kurzerhand abkürzt und direkt in den Mund des Pflückers wandert. So soll es sein. Wir werden kaum so viel essen können, dass wir wirtschaftlichen Schaden anrichten, und das weiß der Gutsherr auch. Ihn freut es, wenn wir die Pflückarbeit selbst übernehmen. Zur Belohnung kehren wir dann nach getaner Arbeit gerne noch auf ein Stück Kuchen ins Obstcafé ein. So viele Früchte haben wir dann doch nicht gegessen, dass ein Stück des frisch Gebackenen verschmäht werden müsste. Und so kommt es, dass wir uns schon wieder voller Vorfreude fragen: Was darf es sein?

Wenn man schon da ist, sollte man auch einen Blick auf die nicht weit entfernte Gutsanlage mit dem Kuhhaus und dem eindrucksvollen Herrenhaus werfen.

39

Königsförder Schleuse
Eiderweg/Hofteich
Klein-Königsförde
24796 Krummwisch

WAS KLAPPT, DAS KLAPPT

Alte-Eiderkanal-Schleuse in Klein Königsförde

In Klein Königsförde in der Gemeinde Krummwisch folgen wir dem Hinweisschild »Eiderkanal P«, das uns nach rechts zu einem kleinen Parkplatz leitet. Ein Feldweg führt uns weiter durch Wiesen und Felder, ehe wir nach ein paar Minuten auf eine winzige Siedlung mit drei Häusern und auf eine Brücke treffen. Wir sind an der Königsförder Schleuse angekommen. Sie ist eine von insgesamt sechs Schleusen, die den alten Eider-Kanal, den Vorgänger des Nord-Ostsee-Kanals, befahrbar machten.

An diesem idyllischen Fleckchen Erde wirkt die 35 Meter lange Schleuse unwirklich groß mit ihren zwei Kammern. Die größere diente den Schiffen zur Überwindung des Höhenunterschieds, die andere dem Wasserausgleich. Kam ein Schiff von Kiel, hatte es den höchsten Punkt des Kanals, die Wasserscheide, nach den Schleusen in Holtenau, Knoop und Rathmannsdorf erreicht, und hier in Königsförde begann der »Abstieg« über die nachfolgenden Schleusen Kluvensiek und Rendsburg auf das Niveau der Untereider. Die Schleusen des Kanals waren die größten ihrer Zeit und eine technische Meisterleistung. Nur fünf Minuten benötigten sie, um den jeweiligen Höhenunterschied zu bewältigen.

Eine Brücke führt hier noch immer über die Schleuse, und auch sie ist etwas Besonderes. Wie die ebenfalls noch erhaltene Konstruktion in Kluvensiek ist sie eine Holländer-Klappbrücke. Das beeindruckende Bauwerk aus Eichenholz ist nach Restaurierung auch heute noch funktionstüchtig und kann hochgeklappt werden. Fast ein wenig eingeschüchtert ob der imposanten Konstruktion überqueren wir die Schleusenanlage und folgen der schmalen Straße, die uns letztlich zu unserem Parkplatz zurückführt. Ein Stück des Weges verläuft parallel zum modernen Kanal, und wenn man Glück hat, überragt der Brückenaufbau eines Containerschiffs die Bäume, die uns ansonsten den Blick verwehren. Vielleicht klappt's ja.

Unbedingt sehenswert sind auch die Klappbrücke und Treidelstation in Kluvensiek und die monumentale Anlage der Rathmannsdorfer Schleuse.

40

Kanu- und Floßverleih Achterwehr
Am Speicher 3
24239 Achterwehr
04340 8057
www.kanuverleih-achterwehr.de

SELBST AM RUDER

Kanu- und Floßfahrt auf der Eider

Es ist ein winziger Steg, an dem gerade mal zwei Kanus gleichzeitig anlegen können. Wir verstauen unsere Wertsachen und alles, was nicht nass werden soll, in einem Plastikbehälter. Dann legen wir die Schwimmwesten an, nehmen uns je ein Paddel und gehen an Bord. Die ersten Manöver sind noch von Nervosität begleitet, aber irgendwie legen wir ohne Havarien ab und haben uns auch nicht sehr blamiert.

Sobald wir weiter draußen auf der Eider sind, beginnt schon der pure Genuss. Nach Süden folgen wir dem Fluss und tauchen in eine bezaubernde Landschaft ein. Wie durch einen Hohlweg gleiten wir stromaufwärts. Auf der Wasserfläche glitzert immer wieder die Sonne, deren Strahlen durch das dichte Blätterwerk fallen. Es ist still, ein wenig plätschern die Ruder im Wasser. Der Fluss windet sich, und die Landschaft bietet Blicke auf Wiesen und Gärten mit privaten Anlegestellen. Schließlich erreichen wir den Westensee. Von hier aus können wir zur Mündung der Eider bei Hohenhude paddeln, eine ideale Einkehr, um uns für den Rückweg zu stärken.

Wer die andere Richtung nach Norden nimmt, erreicht bald beim Speicher Achterwehr den breiteren Eider-Ring-Kanal, auf dem man bis zur Schleuse Strohbrück rudern kann. Hier konnten früher Schiffe in den alten Eider-Kanal oder später in den Nord-Ostsee-Kanal umsetzen. Und vielleicht erhascht man auf diesem Flussabschnitt sogar einen Blick auf einen Eisvogel.

Glücklich und entspannt legen wir nach einem Tag auf dem Wasser wieder an dem kleinen Steg an und geben die Ausrüstung ab. Ein wenig wehmütig nehmen wir unsere Sachen, zu denen beim nächsten Mal unbedingt ein Sitzkissen gehört. Doch dass wir – neben unseren Armen – die harte Bank noch ein wenig länger am Allerwertesten spüren, ist auch eine Art, die Erinnerung daran zu behalten, dass man selbst einmal unbestritten das Ruder in der Hand hatte.

Wer erst mal ausprobieren möchte, ob das Kanufahren etwas für ihn ist, kann unter der Woche die kleine Abendtour für zwei Stunden buchen.

41

Freilichtmuseum Molfsee
Landesmuseen SH
Hamburger Landstraße 97
24113 Molfsee
0431 6596622
www.freilichtmuseum-sh.de

500 JAHRE REGIONALE ALLTAGSKULTUR

Freilichtmuseum Molfsee

Durch eine mit Säulen verzierte Holztür betreten wir die Nr. 52. Linker Hand kommen wir in den Verkaufsraum einer Apotheke, einer Offizin, so wie sie sich um 1840 präsentierte. Den Kunden empfängt der Verkaufstresen, dahinter befindet sich die Rezeptur, eine Art Trennwand, auf deren Rückseite die Medizin nach Rezept hergestellt wurde, der Hygiene wegen. Beeindruckend ist die Vielfalt der Glasflaschen und -fläschchen, und wenn man die Schubladen zählt, versteht man auch, was es mit der Bezeichnung »Apothekerschrank« im Sortiment von Möbelhäusern auf sich hat. Schön jedenfalls sind die Schränke auch hier, edles, dunkles Holz wirkt warm und freundlich. Schließlich wollte man den Kunden nicht nur mit Fachkenntnissen und Können, sondern durchaus auch mit der Ausstattung beeindrucken.

Den Apotheker müssen wir uns allerdings hinzudenken, stehen wir doch in einem Gebäude, das Teil eines Museums ist. Eines ganz besonderen Museums: Das Alte wird hier lebendig, und in vielen Häusern finden wir Werkstätten, in denen man Handwerkern wie in früheren Zeiten bei der Arbeit zusehen kann: Korbmachern, Kerzenziehern, Drechslern und vielen mehr. Auch den Reepschläger treffen wir beizeiten in seiner Werkstatt an. Sie ist eine lange »Bahn«, auf der Seile – Reepe – hergestellt wurden: die Reeperbahn. Und so lernt man ganz nebenbei, dass nicht alles Verrufene wirklich verrufen ist, sondern wie in diesem Fall zu Unrecht in Verruf geriet.

Im Freilichtmuseum Molfsee können originale Häuser und andere Gebäude samt Einrichtungen und Gegenständen des täglichen Lebens besichtigt werden. Die über 70 Objekte umfassen so Unterschiedliches wie eine Bockwindmühle, eine Fischerhütte, eine Meierei oder eben die alte Apotheke aus Cismar. Und auch ein beeindruckender nordfriesischer Haubarg darf hier natürlich nicht fehlen.

Zum krönenden Abschluss sollte man in den Drathenhof gehen, ein Restaurant in einem stattlichen Hof aus dem Jahr 1794, der einst in den Elbmarschen stand.

42

Tierpark Arche Warder
Langwedeler Weg 11
24646 Warder
04329 91340
www.arche-warder.de

BORSTENVIEH MIT LOCKEN

Tierpark *Arche Warder*

In grauer Vorzeit lebte – auch in der Kieler Region – das wollhaarige Nashorn Seite an Seite mit dem wollhaarigen Mammut. Aber haben Sie schon einmal etwas von einem Wollschwein gehört?

Das Mangalitza ist ein ebensolches. Der Name mag an Mangas anklingen, hat aber nichts mit den japanischen Comicfiguren zu tun. Die Bezeichnung »Wollschwein« erinnert dagegen nicht zu Unrecht an die eiszeitlichen Großtiere: Tatsächlich tragen Mangalitzas Fell, das sich in Locken kringelt. Und wie die haarigen fernen Verwandten von anno dazumal ist auch dieses Schwein vom Aussterben bedroht. Nun ist das Mangalitza im Gegensatz zu Nashorn und Mammut keine bejagte Wildrasse, sondern ein Haustier. Es stammt vom ungarischen Wildschwein ab und seine Ferkel tragen auch heute noch die typischen Streifen der Frischlinge. Der Nachwuchs wird sogar im Schnee geboren, so widerstandsfähig ist diese Rasse. Trotz der Robustheit sind die Tiere aus der Mode geraten, dem modernen Europäer ist schlicht und einfach ihr Fleisch zu fett. Und so gibt es in Deutschland heute nur noch 160 Mangalitzas, weltweit beläuft sich die Zahl auf nur 1.500. Damit sind die Tiere akut vom Aussterben bedroht.

Damit dies dem Wollschwein erspart bleibt, ebenso wie vielen anderen Haustierrassen, die heute aus verschiedenen Gründen nicht mehr beliebt sind, gibt es Einrichtungen wie den Tierpark Arche Warder. Der Erhalt der alten Rassen ist nicht nur Erhalt von Kulturgut und pittoresken Tieren, in erster Linie dient er der Bewahrung der genetischen Vielfalt. Und so manche dieser seltenen Arten wird allmählich wieder beliebter, insbesondere in der extensiven Weidewirtschaft. In der Arche Warder, Europas größtem Zentrum für Nutztierrassen, erzählen die Tiere ihre Geschichte – und warum sie so wichtig für uns sind.

Jede Spende hilft dem Tierpark Arche Warder, aber besonders charmant für den Spender selbst ist es, eine Tierpatenschaft zu übernehmen.

48

Geografischer Mittelpunkt Schleswig-Holstein
via: Rendsburger Straße
24589 Nortorf

IM HERZEN DES LANDES

Geografischer Mittelpunkt Schleswig-Holsteins

Wenn man von Nortorf nach Westen in Richtung Brammer fährt und aufmerksam ist, findet man etwa einen Kilometer hinter dem Ortsausgangsschild einen Wegweiser nach rechts. Dieser leitet den Interessierten zu Schleswig-Holsteins geografischem Mittelpunkt.

Da habe ich mich gefragt, wie denn wohl die »geografische Mitte» bei einem so unregelmäßig geformten Bundesland wie dem unseren geht. Ein Kreuz zu legen von oben nach unten und von rechts nach links erschien mir gar zu einfach. Und tatsächlich wurde hier komplizierter gedacht: In über 30.000 »planerische Dreiecke« teilte das Landesvermessungsamt das Bundesland ein und errechnete mit Computerhilfe eben diesen Punkt. Und so ist nun Schleswig-Holsteins Mitte auf der geografischen Position 54°11'07,9353'' nördlicher Breite und 9°49'19,5452'' östlicher Länge. Sei's drum. Für mich klingt das nach wie vor ein bisschen nach Pendelhalten oder Pi-Mal-Daumen.

Wer sich aber aufmacht, den Mühlstein mit den geografischen Koordinaten nebst schleswig-holsteinischer Flagge über den Feldweg mit dem hochtrabenden Straßennamen »Weg zum Mittelpunkt« aufzusuchen, muss nicht unbedingt enttäuscht sein. Die Mitte Schleswig-Holsteins befindet sich zwischen Wiesen unter einem Knick aus Eichen. Die Straße führt in einiger Entfernung vorbei, und so ist es bei leichter Brise oder erst recht bei mehr Wind fast still – was die Geräuschkulisse der Zivilisation angeht. Meist ist man allein hier, Platz gibt es ohnehin nur für zwei oder drei Autos. Bänke laden ein, diesen Ort zu mehr zu nutzen, als nur einmal sporadisch vorbeizuschauen. Und wer sich nicht scheut, eine Weile ohne andere Stimmen zu verbringen, sei's von Gesellschaft oder mittels Handy oder iPod, der lauscht einfach mal dem Rauschen der Blätter, genießt das Alleinsein und findet vielleicht ganz unverhofft selbst die Ruhe in der Mitte.

Am bereit stehenden Picknicktisch lässt es sich bei schönem Wetter herrlich tafeln, am besten mit original schleswig-holsteinischen Leckereien.

44

Gut Emkendorf
Gutshof 3
24802 Emkendorf
04330 994690
www.gutemkendorf.de

Peper Kutschfahrten mit Pferd und Wagen
Dr. Eckener-Straße 5
24768 Rendsburg
04331 789335
www.peper-kutschfahrten.de

MIT ZWEI PS INS 18. JAHRHUNDERT

Gütertour mit der Kutsche

Das Herrenhaus des Gutes Emkendorf ist kein Museum mit regelmäßigen Öffnungszeiten. Um es zu besichtigen, haben wir uns für einen ganz besonderen Ausflug entschieden: die Emkendorfer Gütertour. Treffpunkt ist der Hofplatz des Gutes.

Zunächst geht es zu einer Führung in das klassizistische Herrenhaus. Mit parkettschonenden Strümpfen über den Schuhen staunen wir uns durch die Räume des Erdgeschosses mit dem täuschend echt aussehenden gemalten Deckenstuck des Künstlers Anselmo Pellicia und echten Stuckarbeiten von Francesco Antonio Tadey. Ein wahrhaft würdiger Rahmen für den Emkendorfer Kreis um Friedrich Gottlieb Klopstock und Matthias Claudius Ende des 18. Jahrhunderts. Das Treppenhaus birgt ein auf den ersten Blick unscheinbares Juwel. In das Geländer sind Gesichter eingearbeitet – alle individuell gestaltet und so kommen sagenhafte 482 unterschiedliche Gesichtsausdrücke zusammen.

Nach dem Rundgang geht es zurück in den Wirtschaftshof. Hier beginnt der zweite Teil unseres Ausflugs: Eine Kutsche mit einem Gespann von zwei Friesen, wunderschönen langmähnigen Rappen, steht für uns bereit, und dann fahren wir mit zwei Pferdestärken durch die liebliche Landschaft aus Seen, Wäldern und Knicks. Wir folgen der 250 Jahre alten Allee, einst die Chaussee von Rendsburg nach Kiel. Im Rahmen der Umgestaltung des Gutsgartens zu einem Landschaftsgarten im Sinne des Gartentheorektikers Christian Cay Lorenz Hirschfeld wurde die vier Kilometer lange Allee Ende des 18. Jahrhunderts angelegt. Heute säumen die Bäume in stattlicher Größe eindrucksvoll die Straße. In Groß Vollstedt erwartet uns der Landgasthof mit Kaffee und Kuchen, ehe wir gemächlich mit der Kutsche nach Emkendorf zurückkehren. Und während wir über Kopfsteinpflaster auf den Hofplatz holpern, rundet der Anblick des Herrenhauses, über vier schwarze Pferdeohren hinweg, den Ausflug in frühere Zeiten perfekt ab.

Peper Kutschfahrten bietet weitere Güter-Touren, eine Stadtrundfahrt durch Rendsburg oder auch individuell gestaltete Hochzeitsfahrten an.

45

Stadtteil Neuwerk
Rund um den Paradeplatz
24768 Rendsburg

TISCHORDNUNG AUF MILITÄRISCH

Stadtteil Neuwerk

Wer heute durch den Stadtteil Neuwerk in Rendsburg flaniert, denkt zunächst nicht ans Militär. Die Straßen werden von zwei- bis dreistöckigen Häusern im Stil des Barock gesäumt, sie tragen Namen wie Prinzessin- oder Königstraße. Doch dann treten wir hinaus auf eine freie Fläche, fünf Straßen führen sternförmig auf sie zu. Der von Kopfsteinpflaster bedeckte Platz trägt den Namen Paradeplatz und macht damit unmissverständlich klar, dass dieser Stadtteil eine militärische Vergangenheit hat. Im ausgehenden 17. Jahrhundert wurde er zur zusätzlichen Sicherung der Stadt als südliche Festungsanlage errichtet.

So unschön die Assoziation einer Festung mit Krieg ist, so schön ist doch eine Anekdote aus der Zeit der schleswig-holsteinischen Aufstände gegen die dänische Herrschaft im 19. Jahrhundert. Tatsächlich nahm eine 250 Mann starke Gruppe Aufständischer im März 1848 die Bastion Neuwerk ein, ohne einen Tropfen Blut zu vergießen. Mit 60 Bauern aus der Segeberger Gegend und 31 Kieler Bürgern als Tarnung reiste man einfach mit der noch recht neuen Eisenbahn von Neumünster in die Festung und überredete den verdutzten dänischen Kommandanten zur Kapitulation. Bei diesem Geniestreich fiel kein einziger Schuss.

Die Form der alten Festung Neuwerk erkennt man auch heute noch an den Straßen, die einstmals fächerförmig vom Paradeplatz hinaus zu den Bastionen an den Wällen führten. Die Straßenbezeichnungen klingen allerdings nicht martialisch. Von West nach Ost führen die Prinzen-, Königin-, König-, Kronprinzen- und Prinzessinstraße auf den Paradeplatz zu. Natürlich ist die Königstraße die breiteste und zentrale, schließlich imitiert die Reihenfolge die Tischordnung am dänischen Königshof in Kopenhagen des 17. Jahrhunderts.

Sehenswert ist auch die als Garnisonskirche gebaute Christkirche am westlichen Ende des Paradeplatzes, deren Grundriss ein griechisches Kreuz nachahmt.

46

Käserei Holtsee
Dorfstraße 2
24363 Holtsee
04357 99710
www.holtseer.de

SO EIN KÄSE

Holtseer Landkäserei

Die Adresse lautet Käsestraße 6. So ein Käse, die Straße gibt es doch gar nicht, denken Sie? Eigentlich haben Sie damit auch recht. Korrekt muss es Dorfstraße 2 heißen. Hier macht die Landstraße von Büdelsdorf in Richtung Gettorf eine scharfe Rechtskurve. Wir sind im Örtchen Holtsee, und nur allzu leicht fährt man weiter, ohne zu bemerken, an welchen Gebäuden man vorbeikommt. Die große Produktionshalle und das ältere Haus gehören zur Käserei Holtsee.

Die Käserei besteht bereits seit 1938. Damals schlossen sich 40 Milchbauern aus der näheren Umgebung zusammen, um diesen Meiereibetrieb zu gründen. Noch heute wird hier in alter Tradition Käse hergestellt, und der Käse im Reifekeller wird immer noch von Hand gewendet. Die Mitarbeiter haben dabei buchstäblich alle Hände voll zu tun. Immerhin wollen pro Tag etwa 300.000 Liter Milch verarbeitet werden. Die Zahl muss man sich einmal auf der Zunge zergehen lassen! Auf das Jahr summiert sich die Milchmenge auf unvorstellbare 105 Millionen Liter. Daraus werden üppige 10.000 Tonnen Käse. So viel Rohstoff können die ursprünglichen 40 Bauern schon längst nicht mehr anliefern, und inzwischen sind die Zulieferer auf über 200 Milchbetriebe gewachsen. Sie alle stammen aber noch immer aus der Region Holtsee und Ascheberg.

Wenn man die ungeheuren Zahlen genug ausgekostet hat, sollte man sich unbedingt über die eigentlichen Köstlichkeiten der Käserei hermachen: den Ascheberger für Kenner, das Holtseer Hütchen und den umwerfenden Holtseer Tilsiter. All diese Gaumenfreuden kann der Kunde in der Käsekiste, dem hauseigenen Laden, verkosten und – so der Geschmack getroffen ist – kaufen.

Und was hat es nun mit der merkwürdigen Adresse auf sich? Die Käserei Holtsee ist die Nummer 6 an der Käsestraße. Eine Weinstraße können wir hier schließlich nicht bieten.

Wer sich für die schleswig-holsteinische Käsekultur interessiert, der sollte sich entlang der 500 Kilometer langen Käsestraße aufmachen.

47

Pferdekopfpumpe
im Ortsteil Sprenge neben dem Feuerwehrhaus
Bergstraße 18
24229 Schwedeneck

DAS SCHWARZE GOLD

Pferdekopfpumpe in Sprenge

Die Geschichte mit dem Erdöl in Schleswig-Holstein begann im Jahre 1856. Peter Reimers, seines Zeichens Bauer in der Nähe von Heide, stieß beim Ausgraben eines Brunnens für seine Schafe und Kühe nicht auf Wasser, sondern auf Öl. Doch hier im nördlichsten Bundesland sind nicht die großen Bohrtürme mit opulent sprudelnden Ölquellen zu erwarten, die in manchem Western spektakulär in Brand geraten. Hier tritt man deutlich leiser und backt selbst beim Öl kleinere Brötchen.

Aber auch an anderen Orten wurde Öl gewonnen, so in Ostholstein bei Plön, bei Kiel und auf dem Erdölfeld Schwedeneck. Während in Schwedeneck 1991 an Land und 2000 auch im Gebiet Schwedeneck-See in der Ostsee vor Schwedeneck mit der Ölförderung nach einer Dreiviertelmillion Tonnen Schluss war, gibt es Lagerstätten in Schleswig-Holstein, die auch heute noch ausgebeutet werden. Bekannt ist der Name »Mittelplate« wohl vielen – die Bohrinsel liegt am Rand des Nationalparks Wattenmeer und wird nicht nur von Umweltschützern deshalb seit ihrer Planung heftig kritisiert.

Wer heute durch das Örtchen Sprenge nördlich von Kiel fährt, dem fällt sie vielleicht auf, die alte Ölpumpe, die hier noch steht. Vielleicht hat der eine oder andere solche Pumpen noch von früher in Erinnerung, als man bei Fahrten über Land so manche in Aktion bewundern konnte. Durch die Auf- und Abbewegung saugen sie das Öl aus dem Ölsand und befördern es an die Oberfläche. Es sind sogenannte Gestängepumpen, was furchtbar technisch klingt. Sie haben aber noch einen anderen Namen, der sofort einleuchtet: Pferdekopfpumpe. Wenn sie in Betrieb sind, nickt der »Pferdekopf« majestätisch und gemächlich auf und nieder und lässt sich nicht aus der Ruhe bringen. Gewiss hatte man bei der Namensgebung ein gemütliches Kaltblut vor Augen. Vielleicht hatte ja auch Bauer Reimers einst eines im Stall.

Ölzeug, auch bekannt als »Friesennerz«, wurde nicht aus Erdöl, sondern aus Leinenstoff hergestellt, der mit – meist – Leinöl wasserdicht gemacht wurde.

48

Bonbonkocherei Hermann Hinrichs
Frau-Clara-Straße 22
24340 Eckernförde
04351 889986
www.bonbonkocherei.de

GEGOSSEN, GEWALZT, GENOSSEN

Bonbonkocherei Hermann Hinrichs

Damit Bonbons von beiden Seiten dieselbe Form haben, wird der Teig in langen Streifen zwischen zwei Walzen hindurchgezogen. Nun nur noch mit einer Schaufel die Bahnen zusammenschieben, und schon sind die süßen Stücke fertig. Die Walzen kommen dabei immer paarweise zum Einsatz. Bleibt nur die Frage: Warum haben bei dem einzigartigen Paar, das 48 verschiedene Muschelmotive presst, die beiden Teile unterschiedliche Farben?

Alle Leckereien, die in der Bonbonkocherei gefertigt werden, sind von Hand gemacht. Dass die Kunden nach ihrem Besuch in dem kleinen Laden wissen, wie das vonstattengeht, verdanken sie der transparenten Produktion. Hinter Glas demonstrieren die Zuckerkünstler die gesamte Herstellungskette vom Kochen der Zuckermasse über das Kneten und schließlich das Modellieren. Dass man dazu viel Fingerspitzengefühl braucht, das sieht jeder. Heraus kommen Kreationen in mehr als 100 verschiedenen Formen wie die Himbeeren, Muscheln und Sprotten. Sogar die Sorte *Frau Merkel* wird angeboten, erfunden anlässlich eines Besuchs der Kanzlerin. Ein Schelm, der beim Zitronengeschmack Böses denkt! Verkauft werden all die süßen Sachen nicht nur im Eckernförder Laden, sondern sogar im wahrsten Sinne des Wortes am anderen Ende der Welt: Auch Japaner und Australier können sich die Leckereien im Munde zergehen lassen.

Heute werden Bonbonwalzen nicht mehr hergestellt – die jüngste, die im Einsatz ist, ist über 40 Jahre alt! Mit dem Muschelmotiv gab es nur noch eine, da die Walzen aber nur paarweise funktionieren, war guter Rat teuer. Dass wir doch Muschelbonbons schlecken können, verdanken wir einem begeisterten Kunden, der mit viel außergewöhnlicher Kunstfertigkeit ein Duplikat herstellte. Solche Käufer muss man sich erst mal verdienen – Hermann Hinrichs hat dies mit Bravour getan.

Auch Schokomäuler kommen auf ihre Kosten. Gleich nebenan verkauft Hermann Hinrichs ebenfalls selbst hergestellte Pralinen, Trüffel und vieles mehr aus leckerer Schweizer Schokolade.

49

Fischersiedlung Holm
Süderholmstraße
24837 Schleswig

Holm-Museum
Süderholmstraße 2
24837 Schleswig
04621 936820
www.stadtmuseum-schleswig.de/das-holm-museum

AM WASSER GEBAUT

Fischersiedlung Holm

Der Holm in Schleswig ist eine kleine Welt für sich. Rund um einen Friedhof stehen die pittoresken Häuschen der Fischersiedlung. Einst waren alle am Wasser gebaut. Die Ansiedlung war durch das Holmer Noor vom Festland getrennt, was sich in ihrem Namen heute noch manifestiert: Auf Dänisch bedeutet er »kleine Insel«.

Die Großmutter meiner besten Freundin lebte im alten Quartier in der Süderholmstraße. Die historische Bedeutung war mir als Kind gleich, was mich aber damals schon beeindruckte, war die Bauweise des Häuschens. Die Front zur Straße war schmal, und gerade einmal der Flur und die gute Stube passten zwischen die Nachbargebäude. Dahinter schloss sich ein weiteres Zimmer an. Zwischen den beiden Räumen führte eine steile Stiege in den ersten Stock, in dem zwei kleine Zimmer sich unter Dachschrägen duckten. Folgte man dem Flur weiter, gelangte man über drei, vier Treppenstufen hinunter in einen länglichen Anbau. Zur Linken befand sich eine kleine Küchenzeile, zur Rechten ein winziger Esstisch, und geradeaus kam man in das dahinterliegende Badezimmer. Der Garten war ebenso schmal wie das Haus, aber dafür lang gezogen, sodass wir dennoch wunderbar herumtollen konnten. Am Ende des Grundstücks hätte früher das Fischerboot gelegen, nun verlief dort eine Straße.

In der Mitte der Siedlung befindet sich statt eines Marktplatzes der Friedhof, ein Symbol für den Zusammenhalt der Holmer Fischer. Nach dem Dreißigjährigen Krieg gründeten sie die Gilde *Holmer Beliebung*, um sich gegenseitig in Zeiten von Pestilenz und Krieg zu unterstützen, vor allem bei der würdigen Bestattung ihrer Toten. Und so bleiben sie und ihre Nachfahren bis heute trotz der vielen Touristen letztlich unter sich in ihrer Siedlung am Wasser. Ich bin froh darüber, dass ich einen kleinen Einblick in ihr Leben erhalten durfte.

An der Straße zum Holm steht das Holm-Museum. Es zeigt die Geschichte der Holmer Fischer in vielen alten Bildern.

50

Gottorfer Globus im Barockgarten
Königsallee 9
24837 Schleswig
04621 813222
www.gottorfer-globus.de

Schloss Gottorf
Schloßinsel 1
24837 Schleswig
04621 813222
www.schloss-gottorf.de

HIMMLISCHE HIMMELSKÖRPER

Gottorfer Globus im Barockgarten

Um die Sterne zu beobachten, ist ein wolkenloser Himmel abseits der Stadt und deren Beleuchtung erforderlich. Oder man fährt nach Schleswig. Im Gottorfer Globus betrachtet man im Dunkeln sitzend die leuchtenden Himmelskörper, während sie über das Firmament ziehen.

Über drei Meter Durchmesser misst der Globus. Zwölf Besucher können gleichzeitig darin Platz nehmen. Über ihnen funkeln allerdings keine astronomisch korrekten Sternengebilde. Viel mehr zeigt eine Darstellung, wie im 17. Jahrhundert die damals bekannten Sternenbilder interpretiert wurden. Herzog Friedrich III. von Schleswig-Holstein-Gottorf begeisterte sich für die Wissenschaften und ließ von seinem Hofmathematiker Adam Olearius das Meisterwerk entwerfen. Auf diesem Weg entstand das erste Planetarium der Welt.

Der heutige Schleswiger Globus ist jedoch nicht das originale Exemplar. Im Großen Nordischen Krieg (1700–1721) war Russland Verbündeter des Siegers Dänemark gegen die Gottorfer. Zar Peter der Große bekam die außergewöhnliche Himmelskugel auf seinen Wunsch vom dänischen König zum Dank geschenkt. Seither ist sie in Sankt Petersburg zu sehen, mehrfach rekonstruiert nach Beschädigungen, die bereits auf dem Transport und durch Kriegswirren und Feuersbrünste in späteren Zeiten verursacht wurden.

Für die originalgetreue Nachbildung in Schleswig wurden drei Jahre benötigt. In liebevoller Kleinarbeit sind die wunderschönen Bildnisse entstanden. Außen die kartografische Darstellung der im 17. Jahrhundert bekannten Welt, innen das Firmament in fantasiereichen Malereien – der Globus ist von der Idee bis zur Umsetzung ein geniales Werk. Wenn man sich in seinem Innern von den Sternenbildern und Figuren verzaubern lässt, wünscht man sich, einen solchen Anblick jederzeit unter freiem Himmel genießen zu können.

Das Museum und die Ausstellungen in den ehemaligen Stallgebäuden des nahe gelegenen Gottorfer Schlosses sollte man sich auf keinen Fall entgehen lassen.

51

Freizeitpark Tolk-Schau
Tolkschau 1
24894 Tolk
04622 922
www.tolk-schau.de

TOLK FÜRS VOLK

Freizeitpark Tolk-Schau

Immer wieder begegnet man in Angeln Schildern, die den Weg zur *Tolk-Schau* weisen. Wer dorthin möchte, muss ihnen in eine versteckte Ecke südwestlich der Gemeinde Tolk folgen. An dieser Stelle einen Freizeitpark zu bauen, bot sich vermutlich gerade deswegen an, weil sie weit weg von der Zivilisation erscheint. Viel Platz bietet der Standort, und wenn die Besucher, insbesondere die kleineren, laut johlend und kreischend ihrer Freude und ihrem Spaß Ausdruck verleihen, fühlt sich keiner gestört.

Als ich ein Mädchen war, was durchaus schon ein Weilchen her ist, war ein Tag bei der Tolk-Schau unsere Idealvorstellung eines gelungenen Wochenendes. In der zweiten beziehungsweise dritten Generation betreibt die Familie Petersen den Park nun schon. Damals in den 1970er-Jahren war mein Favorit der Märchenwald, und der riesige Gorilla am Eingang – er kam mir jedenfalls riesig vor – ist wohl jedem Kind im Gedächtnis geblieben. Dass ich jetzt groß bin, also fortgeschrittenen Alters, heißt aber nicht, dass ich keinen Spaß mehr an der Tolk-Schau hätte. Im Gegenteil: Die Familie Petersen hat den Park über die Jahrzehnte weiterentwickelt und erweitert. Die Attraktionen sind heute so vielfältig, dass jeder auf seine Kosten kommt. Wir nehmen die Wasserrutsche und die Achterbahn, bestaunen die Fossilienausstellung und das Tal der Dinosaurier, machen eine Zwergenland-Kanalfahrt – und haben dennoch gerade erst angefangen, das Angebot abzuarbeiten. Gut, dass wir viel Zeit und ein üppiges Picknick mitgebracht haben!

Den Märchenwald gibt es noch. Natürlich hat auch er sich frisch gemacht. Die Erinnerung an die kindliche Sehnsucht, endlich einmal wieder nach Tolk zu fahren, beschwört er immer noch herauf. Gut, dass manches die Zeiten überdauert, umso besser, wenn es mit ihr wächst.

Damit beim Picknick nichts schiefgeht, auch wenn das Wetter nicht mitspielt, kann vor dem Besuch online eine der überdachten Grillhütten gebucht werden.

52

Gut Ludwigsburg
Ludwigsburg 1
24369 Waabs
04358 98818
www.gut-ludwigsburg.de

ADELSLUFT SCHNUPPERN

Gut Ludwigsburg mit Hofcafé

Aus erster Hand weiß meine Schwiegermutter von der schweren Arbeit, die früher auf einem großen Gehöft das tägliche Brot darstellte, waren doch ihre Eltern auf Gut Ludwigsburg angestellt gewesen: ihr Vater als Schmied und ihre Mutter als Stubenmädchen. Der Haushalt mit der Familie und den vielen Bediensteten musste versorgt und der bäuerliche Betrieb mit dem Vieh und der Feldwirtschaft unterhalten werden. Meine Schwiegermutter hat mich neugierig gemacht. Nun will ich mir die Stätte, an der ihre Eltern sich vor so langer Zeit kennengelernt haben, mit eigenen Augen ansehen.

Einladend begrüßt mich das alte Torhaus, das im 16. Jahrhundert entstanden ist. Durch seinen Bogen gelange ich auf einen weiträumigen Wirtschaftshof, in dessen Mitte auf einem abgegrenzten Paddock Pferde laufen. Zur Rechten liegen Wirtschaftsgebäude, genauso hübsch anzusehen, wie sie nützlich sind. Ich wende mich nun nach links, denn da steht es, das beeindruckende Herrenhaus. Aus einem doppelten Wassergraben erhebt es sich. Drei Reihen mit je neun Fenstern und darüber ein gewaltiges Dach lassen die Dimensionen im Innern erahnen: Mehr als 20 Zimmer soll es im Haus geben. Haus – was sage ich, ich finde, es hätte die Bezeichnung »Schloss« mehr als verdient!

Doch nicht nur für das von der Architektur begeisterte Auge hat das Gut etwas zu bieten. Im Hofcafé *Alte Räucherei* genießen wir äußerst schmackhaften Kuchen, bevor wir uns im Hofladen mit Leckereien aus gutseigener Herstellung eindecken.

Auch heute sieht der Erhalt eines solchen Gutes – für den Besucher vielleicht erst auf den zweiten Blick – nach viel Arbeit und Einsatz aus und nach der Notwendigkeit, mit Begeisterung ans Werk zu gehen. Wie schön, dass die Familie Carl das alles auf sich nimmt und dieses Schmuckstück erhält – und Besuchern zugänglich macht!

Mit Führungen kann man unter anderem die berühmte Bunte Kammer besichtigen, die 175 Miniaturmalereien an ihren getäfelten Wänden schmücken.

58

Erkundung von Sieseby
Rund um die Hauptstraße
(Dorfstraße)
24351 Thumby
www.ostseefjordschlei.de

Börentwedt
24351 Thumby

SCHMUCKSTÜCK AN DER SCHLEI

Dorf Sieseby

Ein bisschen versteckt liege ich am Südufer der Schlei. An meinem Dorfeingang, wo mein Parkplatz die fahrbaren Untersätze meiner Gäste aufnimmt, kann man noch nichts von meiner Schönheit erahnen. Wenn die Touristen aber meine Hauptstraße entlangschlendern, sind sie alle verzückt ob der malerischen Reetdachhäuschen, die ich zu bieten habe.

Ich bin ein betagtes Dorf, blicke bereits auf mein 750. Jubiläum zurück. Meine Kirche, die aus Feldsteinen errichtet worden ist, stammt aus dem 12. Jahrhundert, und als Weiler wurde ich schon 1267 »amtlich«, nämlich urkundlich erwähnt. Im 19. Jahrhundert gehörte ich einem Hamburger Kaufmann. Gustav Anton Schäffer hieß der gute Mann. Noch heute erinnere ich Besucher an ihn, habe ich doch einige meiner Häuser mit seinen Initialen verziert, mit den schmiedeeisernen Buchstaben »G.A.S.«. Wie jedoch ein Händler es zu tun pflegt, verkaufte mich Gustav Anton. So kam ich in den Besitz der hochwohlgeborenen Familie zu Schleswig-Holstein-Sonderburg-Glücksburg, in deren Besitz ich mich heute noch größtenteils befinde.

Betagt bin ich wohl, jedoch keineswegs alt geworden. Nicht nur meine hübschen Häuschen mit dem Reetdach und Fachwerk sind herausgeputzt. Auch meine schöne Kirche liegt pittoresk auf einem kleinen Hügel, und mein Friedhof mutet romantisch an mit seinem alten Baumbestand, der die Gräber überschattet, und kann sich einer eindrucksvollen Lindenallee rühmen. In einem eleganten Bogen erstreckt sie sich über stolze 300 Meter. Da verwundert es nicht, dass ich im Jahr 2000 zum ersten Flächendenkmal in Schleswig-Holstein gekürt wurde. Man stelle sich das nur vor: Nun spiele ich mit dem hübschen Quedlinburg und sogar mit dem Hadrianswall in Großbritannien in einer Liga! Verstecken muss ich mich also wirklich nicht!

Wer sich an malerischen Reetdachhäusern noch nicht satt gesehen hat, findet im nahe gelegenen Börentwedt noch weitere Augenweiden.

54

Angelner Dampfeisenbahn
Kappeln–Süderbrarup
Startbahnhof:
Bahnhofsweg 9
24376 Kappeln
04642 9251653
www.angelner-dampfeisenbahn.de

Holländerhof Bartel
Hinnerksens Hof
Holländerhof
24392 Wagersrott
04641 2292

Zuckersusi zieht

Angelner Dampfeisenbahn

Darf ich mich vorstellen? »Zuckersusi« werde ich genannt, und ich bin auf dem besten Weg, eine alte Dame zu werden. Im Jahr 1959 wurde ich geboren – Verzeihung, fertiggestellt, sollte ich korrekterweise sagen. Ein Leichtgewicht bin ich nicht, ich bringe stolze 30 Tonnen auf die Waage. Aber das muss man schon, denn eine Lokomotive soll ja was bewegen!

Und genau das mache ich auch heute noch. Ich gehöre mit anderen Loks zur Angelner Dampfeisenbahn, und meine Arbeit besteht darin, die Museumswagen durch die schöne Landschaft Angelns zu ziehen. Durch Felder führt meine Strecke, durch Wiesen, vorbei an kleinen Wäldern, immer den Schienen abseits der Straßen nach. Unser Startbahnhof ist Kappeln. Direkt an der Schlei lassen wir die Fahrgäste einsteigen. Sie nehmen Platz in einem der historischen Waggons und genießen eine gemächliche Reise, bei der man genüsslich die Umgebung betrachten kann, ohne dass einem wegen hoher Geschwindigkeit etwas entgeht.

Unmittelbar bevor die Passagiere schließlich in Süderbrarup aussteigen, wird gestoppt: Die Weichen müssen von Hand umgestellt werden. Dann rolle ich in den Bahnhof ein und darf an einem echten Gleis der Deutschen Bahn halten. Das Stationsgebäude aus dem Jahr 1904 ist selbst eine Sehenswürdigkeit; liebevoll wurde es restauriert. Nach einem Aufenthalt von einer Stunde, währenddessen man Süderbrarup mit dem sagenumwobenen Thorsberger Moor erkunden kann, tuckere ich schließlich zurück nach Kappeln.

Ich bewege und die Fahrgäste sind bewegt von Natur und nostalgischem Erlebnis gleichermaßen. Natürlich sind meine Kolleginnen, die mit Dampf betriebenen Loks, die beliebtere Attraktion. Ich als Diesellok bin weniger hübsch und längst nicht so spektakulär. Meine Arbeit mache ich jedoch genauso gern – vielleicht fahren Sie ja auch einmal mit?

In Wagersrott steht gleich neben dem Bahnhof ein historischer Holländerhof, das Dorfmuseum. In der Fernsehserie *Der Landarzt* bildete er die Kulisse für das Heim des Kräuterdoktors Hinnerksen.

Schleibrücke Kappeln
Eckernförder Straße
24376 Kappeln

MS Stadt Kappeln
Anlegestelle: Am Hafen
24376 Kappeln
04642 6184
Bordtelefon: 0172 4502796
www.schlei-
ausflugsfahrten.de

KLIPPKLAPP, KLIPPKLAPP

Schleibrücke

Immer um Viertel vor der vollen Stunde öffne ich mich, um die wartenden Wasserfahrzeuge durchzulassen. In Kappeln ermögliche ich die friedliche Ko-Existenz von Schiffs- und Straßenverkehr. Ich, die Schleibrücke in Kappeln, bin die dritte meiner Art.

Zuerst arbeitete an meiner statt eine Pontonüberquerung. Sie war nicht einmal stabil genug, damit der Zug sie mit Lokomotive und einem Wagen gleichzeitig passieren konnte. Man stelle sich das nur vor, die Lok musste abgekoppelt werden, und Pferde erledigten ihre Arbeit. Die Querung kostete damals noch etwas, und der alte Steg wurde immer wieder durch Eis oder ungeschickte Kapitäne beschädigt. 1927 reichte den Menschen dieser Zustand, und meine direkte Vorgängerin wurde errichtet, eine Drehbrücke. Ich könnte mich ja in ihre Art verlieben, so elegant, wie sie sich öffnet. Die Dame war zudem deutlich tragfähiger als das Pontongebilde. Zwei Züge zugleich samt Lok und Waggons konnten sie befahren.

Ich wurde schließlich 2002 erbaut, weil auch diese Konstruktion dem Verkehr nicht mehr gerecht wurde. Mit der Eisenbahn muss ich mich allerdings nicht mehr abgeben, die übernimmt meine Schwester weiter im Westen in Lindaunis. Grotesk ist, dass man an meiner Stelle erst über einen Tunnel nachdachte. Wie hätte Kappeln ohne Brücke ausgesehen! Zum Glück war diese Variante zu teuer. Auch eine Hochkonstruktion kam nicht infrage, denn dafür hätte man eine viel längere Auffahrt anlegen müssen und ein Zugang von so weit oben direkt in die Stadt wäre unmöglich gewesen.

Als Lösung wurde ich ersonnen, eine zweiflügelige Doppelklappbrücke mit vier Spuren, über die der Verkehr – der sich jedes Mal staut, wenn ich geöffnet werde – schnell abfließen kann. Im Sommer beginnt meine Schicht früher als in den Wintermonaten und dauert länger. Dann geht es »klipp« – auf – und nach 15 Minuten »klapp« – wieder zu.

Vom Wasser aus kann man mich bei einer Fahrt nach Schleswig mit dem Ausflugsschiff *MS Stadt Kappeln* erleben.

56

Guly Thing
Thingplatz Gulde
Kirchenweg
24409 Stoltebüll
04642 2949
www.guly-thing.de

DAS DING MIT DEM THING

Historischer Versammlungsplatz *Guly Thing*

Wo sich die Schulstraße von Süden aus Oersberg und der Kirchenweg von Norden aus Gulde treffen, liegt ein bemerkenswerter Ort. Durch die bewaldete Endmoränenschlucht der Splintbroau erklimmen wir den Arltberg, den »Adlerberg«. Oben befindet sich ein prähistorischer Urnenfriedhof. Wir sind jedoch nicht deshalb hergekommen, denn von den Gräbern sieht man nichts mehr. Hergelockt hat uns vielmehr das *Guly Thing*, ein germanischer Thingplatz, der nach alten Schriften und Zeichnungen rekonstruiert und von der Gemeinde Stoltebüll auf dem Arltberg wieder errichtet wurde.

Auf einem Thingplatz hielten in frühen Zeiten Sippen und Stämme regelmäßig ihre Versammlungen ab. Ein Thing diente der Regelung der Angelegenheiten des Dorfes, aber auch der Rechtsprechung. Zwölf gewählte Geschworene berieten sich unter dem Vorsitz des Sippenältesten. Dazu nahmen sie in einer Einfriedung aus Steinen oder Pfählen Platz. An solchen Orten herrschte der »Thing-Friede«, es durfte nicht mit Waffen, nur mit Worten gefochten werden. Alle wehrfähigen Männer des Dorfes wohnten im Stehen der Versammlung bei. Thingplätze befanden sich an augenfälligen Standorten, oft auf Anhöhen wie dem Arltberg oder unter einem Baum, woran noch die vielen bekannten Gerichtslinden in Deutschland erinnern.

Beim Abstieg entlang der Splintbroau denken wir über den Wortschatz nach, der sich im Deutschen aus der alten Zeit erhalten hat. »Thing« entspricht unserem »Ding« im Sinne von »Sache«, »Gerichtssache«. Daraus leiten sich zahlreiche Begriffe ab, wie uns erst jetzt bewusst wird. So macht man einen Täter dingfest. Unter bestimmten Bedingungen kann etwas unabdingbar sein oder jemand verdingt sich zu einer Aufgabe. Erstaunlich, dass wir bei derart vielen banal erscheinenden Dingen eigentlich Juristendeutsch sprechen!

Kurz unterhalb der Anhöhe am Ufer der Splintbroau liegt ein Grillplatz, der zu einem Picknick mit Barbecue einlädt. Eine Schutzhütte mit Tischen und Bänken befindet sich in der Nähe.

57

Pinnes Grab
Esmarksüderfeld
24986 Mittelangeln
54°39'33.19"N 9°36'33.11"E

EINE RÄUBERPISTOLE?

Pinnes Grab

In einem Wald südlich des Dorfes Satrup, das heute als Mittelangeln bezeichnet wird, im Rehbergholz, tauchen Wanderer in die Steinzeit ein. Drei urgeschichtliche Gräber, sogenannte Langbetten, sind zwischen Bäumen und Büschen heute noch zu erkennen. Das größte von ihnen, das sich über mehr als 30 Meter in der Länge und fast zehn Meter in der Breite erstreckt, nennt der Volksmund Pinnes Grab.

Die Sage von Pinne ist allerdings ein wenig jünger als die prähistorischen Überreste. Vor einigen hundert Jahren machte eine Räuberhorde die Gegend unsicher, deren Hauptmann der finstere Pinne war. »Seeräuber« wird er auch genannt, denn nach seinen Überfällen verschwand er über den nahe gelegenen Ekeberger See. Ein Boot lag an dessen Ufer immer bereit, festgemacht an einem in einen Felsen eingelassenen Ring. Als seine Bande eines Tages von Gesetzeshütern aufgespürt werden konnte, kamen Pinne und die meisten seiner Anhänger ums Leben. Der Anführer fand im Rehbergholz in dem Langbett aus der Steinzeit sein würdiges Grab.

Heute liegt der See weit entfernt, denn Pinnes einstiger Fluchtweg ist größtenteils verlandet. So steht der Stein mit dem Ring nun am Waldesrand, verloren im Gebüsch, vergessen aber nicht. Bis zum Anfang des 20. Jahrhunderts kamen am Pfingstmontag Familien von den umliegenden Höfen und Dörfern inmitten der Findlinge des Langbetts zusammen, um auf Pinnes Grab ein üppiges Picknick abzuhalten. Über die Steinzeit machten sie sich wohl wenig Gedanken. Pinne und die schaurige Sage von der gesetzlosen Räuberbande aber waren einen Ausflug wert. Ausgelassenes Feiern mit Gruselfaktor bot des Schurken letzte Ruhestätte. Der Wanderer unserer Zeit mag sich mehr für Archäologie interessieren. Doch auch er verweilt gern im Angedenken an die alte Sage.

Auf dem längeren Rundweg von knapp über drei Kilometer kann man neben Archäologie auch Sport betreiben: An mehreren Stationen warten Recks für Klimmzüge, Bäume zum Balancieren und anderes auf Trainingswillige.

58

Geltinger Birk
Goldhöftberg
24395 Nieby
www.geltinger-birk.de

Wildpferdführungen
(Juli–Oktober)
Anmeldung: Touristikverein Ferienland Ostsee
Nordstraße 1a
24395 Gelting
04643 777
www.tinyurl.com/koniks

AUF DEM PFAD DER PFERDE

Naturschutzgebiet Geltinger Birk

Einen wunderschönen Tag im Spätsommer haben wir uns ausgesucht, um einen besonderen Ausflug zu unternehmen: zu den Wildpferden Schleswig-Holsteins. Im Nordosten des Landes auf einer Halbinsel in der Ostsee sind Koniks, eine Rasse aus Polen, 2002 ausgewildert worden.

Sie leben auf der Geltinger Birk, dem größten Naturschutzgebiet des Bundeslandes. Seit 1986 wird eine kontrollierte Wiedervernässung betrieben, um die über 700 Hektar große Halbinsel von intensiver Bewirtschaftung zu einer naturnahen Landschaft zurückzuführen. Von dem einstmals prächtigen Gehöft, auf dem intensiv Landwirtschaft betrieben wurde, sind nur noch wenige Gebäude erhalten, an denen der Zahn der Zeit bereits kräftig genagt hat. Das Trafohäuschen, das den Bauernhof mit Strom versorgte, ist zur Heimat von Fledermäusen und Schleiereulen geworden. Viele andere Vögel, aber auch Insekten und Amphibien haben ebenfalls auf der Birk ein Zuhause gefunden. Kormorane, Säbelschnäbler und Löffelenten brüten an den wieder entstandenen Nooren und Salzwiesen. Rotbauchunke, Laubfrosch und Kreuzkröte wurden angesiedelt. Um den Lebensraum zu erhalten, den sie benötigen, beweiden die Wildpferde zusammen mit Galloway-Rindern die Halbinsel. Sie verhindern, dass Gebüsch und Wald sich ausbreiten, und sorgen dadurch für eine abwechslungsreiche Naturlandschaft. Besucher sind willkommen auf den weitläufigen Wanderwegen, um die Flora und Fauna in aller Ruhe zu genießen. So wie wir das an diesem schönen Tag tun.

Einen Blick auf die Koniks haben wir auf unserem Spaziergang dann doch nicht erhaschen können. Als erfolglos sehen wir unseren Ausflug auf der Birk trotzdem nicht an. Die badenden Rinder, die unzähligen Vögel, die Libellen und die Kröten, die wir beobachten konnten, sind nicht nur ein Trost. Sie zu sehen hat sich mindestens genauso gelohnt!

Erfolgreicher bei der Suche nach den Koniks waren wir auf einer der Wildpferdführungen, die vom *Förderverein der Integrierten Station Geltinger Birk* (ISGB) organisiert werden.

59

Landschaftsmuseum Angeln/Unewatt
Unewatter Straße 1a
24977 Langballig
04636 1021
www.museum-unewatt.de

Landhaus Unewatt
Unewatter Straße 8
24977 Langballig
04636 9771244
www.landhaus-unewatt.de

DAS MUSEUM IM DORF

Landschaftsmuseum Angeln/Unewatt

Wir lieben Freilichtmuseen und sind bereits in den unterschiedlichsten Landstrichen in originalen Gebäuden durch das Leben früherer Zeiten geschlendert. Heute wollen wir uns ein beeindruckendes Erlebnis dieser Art gönnen. Wir fahren in einen kleinen Weiler im Norden von Angeln, wo uns das *Landschaftsmuseum Angeln/Unewatt* erwartet.

Wir stellen das Auto ab und machen uns auf einen Spaziergang durch die beschauliche Ortschaft. Das Besondere? Unewatt ist Dorf und Museum zugleich. Es zählt um die 70 Einwohner, und der Rundweg zu den Gebäuden der Ausstellung führt an ihren Wohnhäusern vorbei. Zwischen ihren Domizilen laden fünf »Museumsinseln« auf eine Reise in vergangene Tage ein.

Den Anfang macht das Marxenhaus. Es bildet auch den historischen Ursprung der Ausstellung, denn nachdem es in Süderbrarup fachmännisch zerlegt und anschließend eingelagert worden war, plante man seinen Wiederaufbau in Unewatt. Dazu wurde ein neues Konzept entwickelt: Nicht auf einem abgeschlossenen Areal sollte das neue Freilichtmuseum entstehen, sondern Teil eines Dorfes und seines Alltagslebens sein. Neben dem wiedererrichteten Marxenhaus wurde die zu Unewatt gehörende Buttermühle im Detail restauriert, die stillgelegte und verfallene Windmühle Fortuna zu neuem Leben erweckt und die Räucherei vor dem Abriss gerettet. Zusammen mit der großen Christesenscheune bilden sie die Stationen der Schau. An jeder dieser Stationen werden verschiedene Themen behandelt, unter anderem der Butterversandhandel früherer Zeiten oder wie der Strom nach Unewatt kam.

Wie mag es sein, als Anwohner zwischen diesen Ausstellungsstücken zu leben? Manchmal sind die Besucher den Dorfbewohnern sicherlich zu viel, vermuten wir. Aber wir sind auch sicher, dass sie reichlich stolz auf ihr ausgefallenes Freilichtmuseum sind.

Nach dem fast zwei Kilometer langen Rundgang bekommt der eine oder andere bestimmt Hunger. Im Landhaus Unewatt kann man sich beim Menü oder am Buffet in einer ehedem königlichen Kate stärken.

60

Brasseriehof
Kaufmannshöfe
Entlang der
Fußgängerzone
Norderstraße/
Große Straße/Holm
24937 Flensburg

Restaurant Roter Hof
Rote Straße 14
24937 Flensburg
0461 5052370
www.roterhof.de

LÄNGS UND QUER

Kaufmannshöfe

Eine architektonische Besonderheit Flensburgs ist die Ausrichtung der Gebäude in der Altstadt. Wie ein Grätenmuster nimmt sich die Bebauung aus. Die Reverenz an den »Fisch« deutet jedoch mitnichten auf die »Köppe« der Einwohner. Vielmehr erinnert die spezielle Anordnung daran, dass Flensburg schon immer Hafen und Meer für seinen Handel nutzte.

Von Nord nach Süd ist der Hauptstraßenzug ausgerichtet, heute die Fußgängerzone, in der die Norder- in die Große Straße und schließlich in den Holm übergeht. Links und rechts davon entstanden ab dem Mittelalter Kaufmannshöfe. Damit möglichst viele Anwesen Zugang zum Hafen erhielten, wurden sie schmal, dafür aber lang angelegt. Vorne standen die prächtigen Wohn- und Kontorhäuser der Händler, dahinter, Richtung Osten, erstreckten sich die Lagergebäude zur Wasserseite den Hang hinab. Da der untere Teil der Höfe an der Förde lag, konnten die Waren schnell umgeschlagen werden. Mit der Blütezeit des Westindienhandels im 18. Jahrhundert errichtete man an diesem Ende der Grundstücke geräumige Querspeicher.

Da die betuchten Kaufleute die Ostseite des Hauptstraßenzugs zum Hafen hin als verkehrsgünstige Lage bevorzugten, nannte man sie die »Groschen-Seite«. Die »Pfennig-Seite« war dagegen die weniger wertvolle, die gen Westen vom Wasser wegführte. Dort bauten unbedeutendere Gewerbetreibende und Fuhrleute bescheidenere Domizile wie den klaustrophobisch engen Krusehof. Wer auf die Suche geht, findet heute noch in der Fußgängerzone links und rechts Durchgänge zu kleinen sowie weitläufigen historischen Höfen.

Ost und West, reich und bescheiden bestimmten die Entstehung der Flensburger Altstadt. Inzwischen wird man zu beiden Seiten der Fußgängerzone gleichermaßen sein Geld los. Den Handel hat der Wandel der Stadt im Laufe der Zeit nur unwesentlich verändert.

Bei gutem Wetter speist man im Restaurant Roter Hof an der Roten Straße in romantischer Atmosphäre in einem idyllisch gelegenen Hof.

61

Kapitänsviertel in Jürgensby
Startpunkt: Sankt-Jürgen-Straße
24937 Flensburg

St.-Jürgen-Treppe
Sankt-Jürgen-Straße/
Johannisstraße
24937 Flensburg

BLICK AUF DIE SEE

Kapitänsviertel in Jürgensby

Am Ostufer der Flensburger Förde liegt das Viertel Jürgensby. Hier geht es steil zu. Gänge ziehen sich vom Ufer hinauf zur schmalen St.-Jürgen-Straße, die sich weiter am Berg bis zur St.-Jürgen-Kirche schlängelt. Hübsche kleine Häuser mit farbenfrohen Fassaden, wunderschönen Türen und unzähligen bunt blühenden Rosenstöcken säumen die Gasse.

Bis Ende des 18. Jahrhunderts verbot die Stadt Flensburg die Bebauung außerhalb der Stadtmauern. Auf dem Grund und Boden im Schatten des damaligen St.-Jürgen-Hospitals, dem das Land am Ostufer der Förde gehörte, hatte die Obrigkeit jedoch nichts zu sagen. Heute steht an der Stelle des Hospitals die 1904 bis 1907 errichtete St.-Jürgen-Kirche. Die schnuckeligen Häuser entlang der gleichnamigen Straße stehen eng beieinander, um den Platz am Hang so effektiv wie möglich zu nutzen. Am oberen Ende des Wegs kann man teilweise noch gut erkennen, dass die Gebäude einzeln auf Feldsteinsockel gebaut wurden, um sie an der steilen Steigung positionieren zu können.

Schiffergang, Steuermannsgang – die Namen mancher zur Förde hinunterführenden Wege verraten, warum dieser Teil von Jürgensby das »Kapitänsviertel« genannt wird. Seeleute, insbesondere Schiffsführer und -offiziere, siedelten sich in der Gegend ab dem 16., verstärkt seit Mitte des 18. Jahrhunderts an und umgingen dadurch das Bauverbot der Stadt. Zugleich stand ihr Heim unweit der Förde, wo die Arbeit auf sie wartete.

Aus den Wohnzimmerfenstern konnten die Seemänner und ihre Familien auf das Wasser blicken und ein- und ausfahrende Schiffe beobachten. Vielleicht saß manch ehemaliger Seebär, nachdem er in Ruhestand gegangen war, an seinem Fenster, ließ den Blick sehnsüchtig über die Förde schweifen und träumte von alten Zeiten an fernen Stränden.

Den Blick von der Aussichtsplattform am oberen Ende der großen St.-Jürgen-Treppe über den westlichen Teil Flensburgs sollte man sich trotz des anstrengenden Aufstiegs nicht entgehen lassen.

62

Oluf-Samson-Gang
24939 Flensburg

Hafenkneipe Onkel Jule
Schiffbrücke 30
24939 Flensburg
0461 1602954

VON ROT- ZU RAMPENLICHT

Oluf-Samson-Gang

»Der Oluf« ist weit über die Stadt Flensburg hinaus bekannt. Er ist jedoch kein Mann, auch wenn er nach einem benannt ist. »Oluf« ist die Abkürzung für den Oluf-Samson-Gang, eine vermeintlich unscheinbare schmale Gasse, die von der Norderstraße hinunter zum Hafen führt.

Dass im Jahr 1918 das Verbot der öffentlichen Ausübung von Prostitution in Deutschland aufgehoben wurde, sorgte maßgeblich dafür, dass die kleine Straße berühmt-berüchtigt wurde. Ab diesem Zeitpunkt entwickelte sie sich zur bekanntesten Rotlichtmeile Flensburgs. Die Mieten waren günstig, und günstig war auch die unmittelbare Nähe zum Hafen.

Oluf Samson allerdings hatte nichts mit dem horizontalen Gewerbe zu tun. Um 1600 ließ er an dem Gang Pachthäuser für sozial schwach Gestellte errichten. Obwohl sein Vermögen 1617 aufgrund des Niedergangs der Wirtschaft im Zuge des Dreißigjährigen Kriegs beträchtlich geschrumpft war, wurde er in diesem Jahr als Namensgeber der Gasse erstmals verbrieft. Der Erste Weltkrieg und die neue Grenze im Norden der Stadt 1920 infolge der Abstimmung über die Zugehörigkeit Schleswigs zu Dänemark oder Deutschland brachten eine erneute Wirtschaftsflaute. In den 1930er-Jahren begünstigten die billigen Mieten der zusehends verfallenden Häuser die Entwicklung der Gasse zur Bordellmeile.

In den 1970er-Jahren beschloss Flensburg statt des Abrisses der nördlichen Altstadt den Erhalt der alten Bausubstanz. Man sah auch die Gelegenheit, die Prostitution aus dem Oluf-Samson-Gang zu verdrängen. Die Gebäude wurden unter Denkmalschutz gestellt und nach und nach an Privatleute verkauft. Im Jahr 2015 zogen die beiden letzten Damen des horizontalen Gewerbes aus. Die Gasse glänzt. Die Prostitution lebt anderswo weiter.

Am Fuße des Oluf-Samson-Gangs liegt die Hafenkneipe *Onkel Jule*. Seit 1843 dient das alte Gebäude als Gaststätte.

68

Garten ***Unsere Obstwiese***
Hauptstraße
24994 Jardelund
Familie Maaßen: 04605 777

BETRETEN ERWÜNSCHT!

Garten *Unsere Obstwiese*

Wir wollen das schöne Wetter ausnutzen, um fern der Großstadt ein entspanntes Picknick zu machen. Dafür fahren wir nach Jardelund zu *Unserer Obstwiese.*

Nicht weit weg von der Grenze nach Dänemark liegt der idyllische Rastplatz gleich hinter dem Ortsschild. Die Bezeichnung passt nicht wirklich, denn mit Rastplätzen an Autobahnen oder größeren Straßen hat die Obstwiese allerhöchstens die Sitzgelegenheiten gemein. Ein kleiner Holzzaun umgibt das Areal. Sein Zweck ist mitnichten, irgendjemanden fernzuhalten, wie wir der Aufschrift eines bunt bemalten Schildes entnehmen. Es verkündigt in fetten Lettern: »Betreten erwünscht!«, und das Ausrufezeichen scheint uns besonders nachdrücklich einzuladen.

Hinter dem Zaun fällt unser Blick auf eine Wiese mit zahlreichen Obstbäumen. Jetzt im Herbst hängen die Zweige voll mit den fast reifen Früchten. Die Wiese gehört Familie Maaßen. Als sein Bruder 2004 auf einer Tour mit dem Motorrad durch Norwegen ums Leben kam, bat Peter Maaßen anstelle von Kränzen für die Beerdigung um Spenden, mit denen er seine Koppel zu *Unserer Obstwiese* umgestaltete. Eine Oase des Friedens hat er hier am Rande Jardelunds geschaffen, in die er alle Vorbeikommenden zu einer Pause auf ihren Touren einlädt.

So traurig das Ereignis ist, das unseren heutigen Ausflug ermöglicht, so dankbar sind wir Familie Maaßen für dieses Paradies. Wir schlüpfen durch das Gartentor, das offen steht. Das gemähte Gras ist noch feucht von der sternenklaren Nacht, und unsere Schuhe hinterlassen Spuren im Tau, als wir über die Wiese gehen und die morgendliche Ruhe genießen. Auf einer der Sitzbänke, die mit Lampions und Blumentöpfen geschmückt sind, lassen wir uns in der Sonne nieder, packen unser Frühstück aus und beginnen den Tag, der eigentlich nur gut werden kann.

Die Familie Maaßen freut sich über Postkarten ihrer Besucher, wie sie mit Nachrichtenzettelchen auf der Wiese verrät. Zu der Sammlung seine eigene Lieblingspostkarte beizutragen, ist ein schöner Gedanke.

FEHMARN

Heike Meckelmann

64

Fehmarnsundbrücke
Am Fuß von Strukkamp/
Parkplatz
23769 Strukkamp

Tourist-Information Fehmarn
Zur Strandpromenade 4
23769 Fehmarn
04371 506300
oder Bahnhofstraße 30
23769 Burg
04371 506358
04371 8794784
www.fehmarn.de

KLEIDERBÜGEL UNTER DENKMALSCHUTZ

Fehmarnsundbrücke

Kurz hinter Heiligenhafen kommt sie erstmals in Sichtweite, die Fehmarnsundbrücke, wie sie erhaben über blauem Grund thront. Mit stolzen 963 Metern und zusätzlichen 337 Metern Rampenlänge überspannt die 1963 erbaute Netzwerkbogenbrücke den Fehmarnsund. Der »Kleiderbügel«, wie die Brücke von Einheimischen aufgrund ihrer Ähnlichkeit mit diesem Haushaltsgegenstand liebevoll genannt wird, ist eine kombinierte Straßen- und Eisenbahnbrücke. Am höchsten Punkt ragt die Stahlkonstruktion von der Fahrbahn gemessen 45 Meter hoch in den Himmel. Mit einer Breite von 240 Metern und einer Durchfahrtshöhe von 23 Metern bei durchschnittlichem Wasserstand bietet sie auch großen Schiffen die Möglichkeit, durch den Sund bis hin zum Belt zu fahren.

Um die Brücke hautnah zu erleben, nehmen Sie, wenn Sie Fehmarn erreichen, die erste Abfahrt rechts. Biegen Sie links Richtung Landkirchen ab, nach circa 100 Metern links Richtung Strukkamp. Folgen Sie der schmalen Straße, die zum Sund führt, bis zum Ende, wo Sie auf den Fuß der Fehmarnsundbrücke treffen. Von hier aus können Sie über eine Steintreppe bis zur Fahrbahn emporsteigen. Ein echtes Erlebnis.

Ein Kribbeln durchzieht meinen Körper, als beim Aufstieg ein ICE über mich hinwegrattert. Oben angekommen, gehe ich auf dem Fahrrad- und Fußgängerweg bis zur Mitte der Brücke, wo mich ein atemberaubender Blick über den Sund und den »Knust« erwartet. Diesen Spitznamen gaben die Fehmaraner ihrer Insel, weil sie Ähnlichkeit mit einem Brotkanten aufweist.

Auf der rechten Seite erblicke ich die Leuchttürme von Strukkamp und Flügge. Und zu meiner Linken den verträumten Hafen von Fehmarnsund. Da möchte man – trotz des Autoverkehrs auf der Brücke, den man jedoch bei *dem* Ausblick sofort vergisst – einfach nur stehen bleiben und die Aussicht genießen.

Bevor Sie die Brücke mit dem Fahrrad überqueren, lohnt sich ein Ausflug ins angrenzende Großenbrode. Der kleine Ort besitzt eine schöne Promenade mit Restaurants und einladenden Geschäften.

65

Meereszentrum Fehmarn
Gertrudenthaler Straße 12
23769 Burg
04371 4416
www.mega-meereswelten.de

Ostsee Erlebniswelt
Bäderstraße 6a
23775 Großenbrode
www.mega-meereswelten.de

MEHR MEER GEHT NICHT

Meereszentrum Fehmarn

Welch Farbenpracht! Schon im Eingangsbereich empfangen mich Aquarien mit bunten Fischen und wunderschönen Korallen in leuchtendem Gelb, Grün, Orange. »Mama, schau mal, Nemo«, ruft ein kleines Mädchen aufgeregt. Beeindruckend, die über 1.000 Meerestiere und Korallenfische, die in den 35 Schauaquarien zu bewundern sind. Da trifft man zum Beispiel auf Quallen, Seepferdchen, Krebse, Anemonen, Seesterne, Rotfeuerfische, Kugelfische und Muränen. Die im Meereszentrum gebotene Artenvielfalt ist einzigartig in Europa.

Folgen Sie dem Rundgang, um sich all die vielfältigen Spezies anzusehen. Je tiefer Sie ins Innere des Gebäudes gelangen, umso größer die Becken. Zuerst aber wandeln Sie durch einen Unterwassertunnel. Wow! Über Ihnen schwimmen in aller Ruhe Rochen hinweg. Es sieht aus, als würden sie fliegen. Ein dicker Zackenbarsch drückt sich an der Aquariumswand die Nase platt. Fast scheint es, als wäre er der neugierige Zuschauer.

Begeistert von den Eindrücken verlasse ich den Tunnel und gehe in den Raum, wo das zu finden ist, was es mir am meisten angetan hat: das riesige Haifischbecken. In rund drei Millionen Liter Wasser leben dort verschiedene Arten des wohl faszinierendsten und gleichzeitig am meisten gefürchteten Meeressäugers – dem Hai! Schwarzspitzenriffhaie sind hier zu sehen, außerdem Ammenhaie, ein Zitronenhai und zwei Sandtigerhaie. Letztere gleiten in stoischer Gelassenheit durchs Salzwasser und erscheinen mir eher ruhig und imposant als Angst einflößend. Gemächlich ziehen diese großen Haie ihre Runden, vorbei an den kleineren, wendigen Haiarten, vorbei an einem auf Grund liegenden Segelboot, das sich hervorragend als Unterschlupf für die Tiere in diesem Becken eignet. Fasziniert genieße ich diesen ungewöhnlich nahen Blick auf die beeindruckenden Meeresräuber.

Nur 15 Minuten mit dem Auto entfernt, in Klaustorf, befindet sich die *Ostsee Erlebniswelt Heiligenhafen*, wo Ihnen die Tier- und Pflanzenwelt sowie die Geschichte der Ostsee nähergebracht werden.

66

Rathaus Burg
Am Markt 1
23769 Burg
04371 5060
www.stadtfehmarn.de

Zwischen Politik und Hochzeitsgelübde

Rathaus

Wunderschön ist das aus rotem Backstein gebaute Burger Rathaus, direkt am Marktplatz gelegen, unter großen Lindenbäumen. Es wurde am 22. November 1901 eingeweiht und stellt ein wahres Schmuckstück der Altstadt dar. Mit seinen runden Türmchen, die mit ihren Zinkdächern fast an Pickelhauben erinnern, ist das historische Haus mit all seinen Verschnörkelungen aus Holz und Ornamenten nicht nur von außen ein sehr beliebtes Fotomotiv.

Nachdem ich die Stufen zum Eingang des Gebäudes hinaufgestiegen bin, durchquere ich das schwere Portal aus Eichenholz, hinter dem ein schönes Entree wartet. Während der Öffnungszeiten ist das Rathaus für jedermann zugänglich. Ehrfürchtig betrete ich die Eingangshalle, die einem Saal gleicht. Das durch die bleiverglasten Fenster einfallende Licht bringt das Stadtwappen von Burg an der gegenüberliegenden Wand zum Leuchten. Weiter geht es auf dem mit Ornamenten verzierten Terrazzofußboden. Im Erdgeschoss beherbergt das Rathaus Verwaltungsbüros sowie das Standesamt mit seinem hübschen Trauzimmer. Ein Blick in den normalerweise nur für Hochzeiten geöffneten Raum verrät mir, dass die Erbauer nicht mit Holzvertäfelungen sparten.

Anschließend wende ich mich wieder dem Eingangsbereich zu. Eine Steintreppe mit schmiedeeisernem Geländer führt in den ersten Stock. Schmale Rundbogenfenster, die fast den Eindruck entstehen lassen, man halte sich in einem Turmzimmer auf, wecken mein Interesse. Ich betrete den ehemaligen Sitzungssaal, in dem vor etlichen Jahren die Stadtvertretung tätig war. Mit seinen getäfelten Wänden und historischen Möbeln wirkt er nahezu königlich. Die Stadtvertretersitzungen finden heute allerdings im Senator-Thomsen-Haus unweit des Rathauses statt.

Interessieren Sie sich für die Geschichte Fehmarns? Im Stadtarchiv im zweiten Stock des Rathauses sind Sie bei Fragen gut aufgehoben.

67

Senator-Thomsen-Haus
Breite Straße 28
23769 Burg
04371 506623

Restaurant Doppeleiche
Breite Straße 32
23769 Burg
04371 9920
www.doppeleiche.com

HAUS MIT EIGENEM QUARTIER

Senator-Thomsen-Haus

Im 18. Jahrhundert war die Breite Straße eine der beliebtesten Straßen in Burg. Jeder, der etwas auf sich hielt und genügend Geld besaß, baute hier sein Domizil. Fast jedes Mal, wenn ich diese Straße entlanggehe, bleibe ich vor dem Haus mit der Nummer 28 stehen. Das barocke Gebäude mit weiß getünchtem Stein, grauem Fachwerk und dem parkähnlichen Garten gehört zu den ältesten Häusern Burgs. Es wurde 1783 von Schiffskapitän Jürgen Wohler und seiner Frau Anna erbaut. Nach dem Tod der Familie Wohler erwarb der Postmeister und Senator Hans Matthäus Thomsen das Haus. Er war kein Senator im eigentlichen Sinn, sondern stellvertretender Bürgermeister, den man aufgrund alter Lübecker Bräuche »Senator« nannte.

Senator Thomsen vererbte das Haus mit seinem Tod 1894 seinem Enkel Friedrich Wilhelm Schumacher. Dieser war nach Amerika ausgewandert und vermachte das Haus seinerseits der Stadt Burg unter der Prämisse, es für soziale oder kulturelle Einrichtungen zu nutzen. Heute ist das Senator-Thomsen-Haus das Kulturzentrum von Burg. Die *Burger Kunsttage* sowie viele andere kulturelle Veranstaltungen finden hier statt. Während der Veranstaltungen und Ausstellungen ist das Senator-Thomsen-Haus für die Öffentlichkeit geöffnet. Der dazugehörige Garten ist jederzeit begehbar. Hier steht übrigens die größte immergrüne Stechpalme der Insel. Ein echter Hingucker, der selbst im Winter seine Farbenpracht erhält, wenn alle Bäume längst kahl sind.

Wer sich fragt, was das Schildchen an der Fassade mit der Aufschrift »1. Quartier Nummer 31« zu bedeuten hat: Dies geht auf die Zeit zurück, als Burg in fünf Quartiere eingeteilt war. Das Senator-Thomsen-Haus gehörte zum 1. Quartier, Nummer 31. Heute genügen natürlich der Straßenname und die Hausnummer als Adressangabe.

Nach dem Kulturerlebnis warten gleich nebenan im italienischen Restaurant *Doppeleiche* leckere Pizza und Pasta auf Sie.

68

Café Jedermann
Ohrtstraße 25
23769 Burg
04371 1411
www.cafejedermann-fehmarn.de

Atelier Kokon
Ohrtstraße 20
23769 Burg
0160 3091968

Café Jedermann

Bei einem Altstadtbummel durch die Ohrtstraße führt mich der Weg vom Marktplatz geradewegs zum Café Jedermann von Marcus und Anna Glagowsky. Ein hübsches kleines Gebäude mit zum Teil altem restauriertem Fachwerk. Die lachende Kaffeekanne an der Fassade neben dem Namensschriftzug wirkt einladend, also gehe ich hinein. Beim Öffnen der Tür steigt mir der Duft von frisch gebackenen Kuchen und Torten in die Nase.

Haben Sie Lust auf einen leckeren Tee? 16 Sorten stehen zur Auswahl. Mir persönlich schmeckt der Wellness-Tee am besten. Oder war es doch *Omas Gartentee*? Vom Kuchen ganz zu schweigen. Mein Favorit ist die Stachelbeer-Baiser-Torte. Sehr lecker! Wollen Sie bei einer Feier Ihre Gäste mit einem Kuchen oder einer Torte vom Café Jedermann verwöhnen, kein Problem. Diese können Sie ganz einfach über den Onlineshop bestellen oder natürlich im Café direkt.

So klein und heimelig das Café Jedermann von innen ist, so gemütlich wirkt der Außenbereich im Innenhof – mit Blumen und Ranken begrünt, Holztische und -stühle, ein Strandkorb. Schön! Ein Spielplatz für die kleinen Gäste ist auch vorhanden und lässt Eltern Kaffee und Kuchen in Ruhe genießen. In dieser kleinen Oase hat man nicht das Gefühl, sich mitten in der Stadt zu befinden. Die freundlichen Kellnerinnen sind allesamt sehr bemüht, Ihnen die Zeit so angenehm wie möglich zu gestalten.

Kommen Sie an einem schönen Morgen zum Frühstück vorbei. Im Sommer lässt es sich im Innenhof bei frischen Brötchen, Wurst, Käse und Marmelade herrlich in den Tag starten. Wem das nicht genug ist, der probiert die leckeren Blaubeerpfannkuchen, die, frisch zubereitet und mit Puderzucker bestäubt, jedem das Wasser im Munde zusammenlaufen lassen.

Statten Sie dem Atelier Kokon genau gegenüber einen Besuch ab. Dort wird unter anderem Kunst auf Seide geboten.

69

Erlebnishafen Burgstaaken
Parkplatz: Am Binnensee 54 (am Ende der Straße)
23769 Burgstaaken
www.erlebnishafen-burgstaaken.de

Obstpalette Fehmarn Hafen Burgstaaken
Burgstaaken 1004
23769 Burgstaaken
www.obstpalette-fehmarn.de

KUNTERBUNTES HAFENTREIBEN

Erlebnishafen

Der Weg zum Erlebnishafen Burgstaaken ist nicht zu verfehlen. Aus der Altstadt Burg der kopfsteingepflasterten Breiten Straße folgen, immer geradeaus Richtung Burgstaaken, bis man unweigerlich im Hafengebiet landet. Begrüßt von hohen Silos auf beiden Seiten der Straße, fährt man wie durch ein Tor, das sich am Ende öffnet und die ganze Vielfalt des erstmals 1778 erwähnten Hafens preisgibt.

Im Hafenbecken dümpeln große und kleine bunt gestrichene Fischerboote. Die Flotte ist beträchtlich und lockt jeden Tag viele Besucher an. Als ich zum Kai schlendere, liegt dort gerade eines der kleineren Fischerboote, von dem fangfrischer Fisch verkauft wird. Der kurze Spaziergang durch den viele hundert Jahre alten Hafen führt mich zu den Stegen, von denen die verschiedenen größeren Schiffe zu ihren Touren auslaufen. Starten Sie von hier aus zu einer Ostseetour, die Ihnen die See mit all ihrem Lebensraum näherbringt.

Nahe des Hafenkais komme ich an dem Museums-U-Boot U11 vorbei. Wer sich schon immer mal wie das Besatzungsmitglied eines U-Boots fühlen wollte, sollte sich diese Gelegenheit nicht entgehen lassen. Gleich daneben befindet sich der SAR-Rettungskreuzer, die *Arwed Emminghaus,* die als Seenotrettungsmuseum – wie auch das U11 – an Land an die Kette gelegt wurde. Nur ein paar Meter weiter können Sie zu einem Spaziergang um den Burger Binnensee starten. Und wer nach den vielen Besichtigungen Hunger hat, geht auf ein Fischbrötchen in die Genossenschaft, kehrt ins *Restaurant Lotsenhus* oder ins *Café El Sol* ein. Wem das immer noch nicht genug Erlebnis ist, der hat alle zwei Jahre die Möglichkeit, am kunterbunten Hafenfest teilzunehmen, bei dem es mit Musik und Leckereien feuchtfröhlich zugeht. Ahoi …

Im Hafengebiet befindet sich fast das ganze Jahr über die *Obstpalette Fehmarn.* Der Minimarkt bietet neben Obst und Gemüse auch Rapshonig, Brotaufstriche und Liköre und mehr.

70

Burger Binnensee
mit der Kohlhoffinsel
Startpunkt: Erlebnishafen
23769 Burgstaaken

BillaBar
Am Jachthafen 20
23769 Burgtiefe
www.cafe-sorgenfrei.de/
billabar.htm

VON DER MÖWENINSEL UND MOTORBOOTEN

Spaziergang entlang des Burger Binnensees

Ein Spaziergang am Burger Binnensee entlang ist ein Muss für jeden Inselbesucher. Über den Großparkplatz des Kommunalhafens Burgstaaken, der sich gegenüber der Obstpalette befindet, erreichen Sie den Spazierweg Binnensee, der in einer guten halben Stunde am haffartigen See immer am Wasser entlangführt und im Yachthafen Burgtiefe endet.

Der Binnensee ist, abgesehen von der Fahrrinne – logisch –, ziemlich flach. Einige kleine Boote liegen vor Anker und wiegen sich auf den sanften Wellen. Nach ungefähr 50 Metern komme ich an einem Holzpilz vorbei. Wer mit Kindern unterwegs ist, wird hier bereits eine Pause einlegen müssen, denn daneben befinden sich ein paar Spielgeräte. Aber das macht nichts. Als Erwachsener genießt man einfach die wunderschöne Natur, während die Kinder sich austoben.

Bis zur Hafeneinfahrt von Burgtiefe mit den bunt bemalten Häuschen der Surfschule *Charchulla* sind es von hier aus nur knapp 20 Minuten. Die Zeit vergeht schnell beim Genuss der schönen Ausblicke. Als Nächstes passiere ich die Kohlhoffinsel, von den Einheimischen auch »Möweninsel« genannt. Sie ist circa vier Hektar groß und steht unter Naturschutz. Ein wahres Paradies für Zugvögel und brütende Möwen. Schließlich erreiche ich die Hauptstraße nach Burgtiefe und folge ihr bis zur Surfschule. Enten und Schwäne scheinen diesen Flecken Erde zu lieben, sitzen sie doch oft auf der vorgelagerten Rasenfläche. Nach weiteren Minuten sehe ich dann den Yachthafen von Burgtiefe vor mir. An den vielen Stegen inklusive dem Rundsteg liegen weiße Yachten und kleine Motorboote vertäut, so weit das Auge reicht. Schlendern ist nun angesagt. Bald bin ich an meinem Ziel angekommen und rundum zufrieden. Was für ein schöner Spaziergang. Er wird Ihnen gefallen.

Kehren Sie ein in der *BillaBar* direkt am Rundsteg im Yachthafen. Genießen Sie neben Kaffee und Kuchen auch leckere Suppen und Snacks, mit Blick auf die Anleger.

71

Wulfener Hals
23769 Wulfen

Camping- und Ferienpark
Wulfener Hals
Wulfener-Hals-Weg 100
23769 Wulfen
04371 86280
www.wulfenerhals.de

Karibische Zustände

Nehrungshaken Wulfener Hals

Der Weg zum Wulfener Hals bedarf einer kurzen Erklärung: Von Wulfen aus erreichen Sie über den Wulfener-Hals-Weg den Golfplatz, den Sie bitte rechts liegen lassen, stattdessen gehen Sie geradeaus weiter. Wenig später kommen Sie an einem der schönsten Campingplätze auf Fehmarn vorbei: dem Camping- und Ferienpark Wulfener Hals. Bleiben Sie auf dem Wulfener-Hals-Weg und gehen Sie über den Campingplatz, bis Sie schließlich den Nehrungshaken Wulfener Hals erreichen.

Die feinsandige schmale Landspitze, die hinaus in die Ostsee führt und zum Sonnenbaden einlädt, vermittelt beinahe karibisches Flair. Wasser umgibt sie auf beiden Seiten: auf der einen die Ostsee, auf der anderen der Burger Binnensee. Spielplätze locken die Kleinen an, während die Eltern am Ufer oder im Restaurant Platz nehmen können. Die wunderschöne Landschaft lohnt den etwa einen Kilometer langen Weg zu dieser lauschigen Ecke Fehmarns.

Auch hier, auf dem Binnensee, erwartet Sie das bunte Treiben der Surfer. Durch die Stehtiefe ist der Wulfener Hals, neben der Orther Reede, ein ideales Revier, um sich als Anfänger diesem Hobby gefahrlos hinzugeben. Die beste Gelegenheit demnach, den Sport auszuprobieren, statt nur zuzusehen. Ich habe mich selbst ein paar Mal herangewagt; es ist in jedem Fall eine völlig neue, spaßige Erfahrung.

Heute jedoch begnüge ich mich damit, mich am Wulfener Hals niederzulassen, um den anderen bei ihren Aktivitäten zuzuschauen und mein Gesicht in die Sonne zu halten. Der Weitblick auf den Binnensee und bis zum Hafen Burgstaaken ist wirklich grandios. Wer weiß, vielleicht walke ich im Anschluss noch ein bisschen über die Insel. Auch eine tolle Möglichkeit, aktiv zu sein.

Hungrig geworden? Genießen Sie fangfrischen Fisch aus dem Hafen Burgstaaken im Restaurant Seeblick. Es ist direkt auf dem Gelände des Campingplatzes gelegen (www.wulfenerhals.de/restaurant_seeblick).

72

Allee-Café
Katharinenhof
Haus Nummer 3
23769 Katharinenhof
04371 503838
www.alleecafe-katharinenhof.de

Wo Windbeutel zu Sturmsäcken werden

Allee-Café Katharinenhof

Katharinenhof liegt im Osten der Insel und ist mit dem Auto von Burg aus in circa zehn Minuten zu erreichen. Hier befindet sich das Allee-Café Katharinenhof. Fahren Sie die wunderschöne Allee entlang, an der das Café liegt und die sich im Sommer dank der dicht bewachsenen Linden zu einem grünen Tunnel verwandelt. Das Café gehört zum Hof Fleth und wurde liebevoll ausgebaut und eingerichtet. Die bunten Bodenfliesen stammen aus Spanien, und auch sonst versprüht das Café mediterranes Flair.

Setzen Sie sich an einen der hübsch gedeckten Tische und werfen Sie einen Blick auf die wechselnden Bilder an den Wänden, die während verschiedener Ausstellungen gekauft werden können. Überall sind liebevoll Accessoires drapiert, die den Gast sich wohlfühlen lassen. Das Angebot auf der Karte ist reichhaltig und bringt meine Augen zum Leuchten. Von leckeren Suppen, belegten Broten bis hin zur Landküche, die nach Lust und Laune der Chefin zubereitet wird, ist alles vorhanden. Die Auswahl an selbst gemachten Kuchen ist vielfältig und köstlich, auch gluten- und laktosefreie Sorten sind darunter. Der absolute Hammer sind die Windbeutel, die auf der Insel in dieser Art wohl einmalig sind. Mal herzhaft mit Frischkäse und Lachs gefüllt, mal mit viel Sahne und Früchten der Saison. Sie sind dermaßen groß, dass ich sie glatt als »Sturmsäcke« bezeichnen würde. Bevor Sie sie verzehren, wird Ihnen ein übergroßes Lätzchen gereicht, damit der Inhalt der prall gefüllten Leckerei nicht im Eifer des Gefechts auf Ihrer Kleidung landet.

Damit die Kleinen sich nicht langweilen, gibt es rund um das Allee-Café jede Menge Platz zum Toben auf einem Kinderspielplatz. Währenddessen können es sich die Erwachsenen im gemütlichen Außenbereich gut gehen lassen, in dem man, Omas Garten gleich, entspannen kann.

Die außen am Haus angebrachten Regale bieten viele nette Geschenkideen und Mitbringsel für die Zuhausegebliebenen – oder vielleicht doch für Sie selbst?

Adventure-Golf Fehmarn
Haus Nummer 39
23769 Meeschendorf
04371 8888574
www.adventure-golf-fehmarn.de

GOLFEN AM LEUCHTTURM

Adventure-Golf Fehmarn

Zwischen Meeschendorf und Staberdorf, auf einer Anhöhe zur Linken, liegt die Adventure-Golf-Anlage von Familie Sporleder. Ein Riesenspaß für Groß und Klein. Anziehungspunkt für alle, die Minigolf einmal anders kennenlernen möchten. Jede der 18 Bahnen stellt den Besucher mit einer außergewöhnlichen Idee vor eine neue Herausforderung.

An einem Hindernis spiele ich den Ball quasi in unser Nachbarland Dänemark, indem ich ihn über die geplante, in Miniaturform dargestellte *Feste Fehmarnbeltquerung* schanze. Allerdings haben sich die Betreiber dabei für die zwischenzeitlich verworfene Brückenlösung entschieden statt des nun angedachten Tunnels. Bei einer anderen Bahn steht ein Leuchtturm im Zentrum. Schön sieht er aus mit seinen rotweißen Streifen. Weiter geht es Richtung Tunnelbahn. Kinder sind hier klar im Vorteil, haben sie doch die Möglichkeit, durch den Tunnel hindurchzulaufen. Ich muss einen kleinen Umweg über die Außenbande in Kauf nehmen. Aber dann habe ich die Gelegenheit zu zeigen, was ich kann. Vor einer etwa zwei Meter hohen Erhebung stelle ich mein Geschick unter Beweis. Doch Vorsicht, sollte der Schlag misslingen und der Ball landet nicht oben, müssen Sie noch einmal von vorn beginnen.

Bei meiner liebsten Bahn steige ich auf ein Surfbrett. Es ist nicht so leicht, das Gleichgewicht geschickt auszubalancieren, aber ja, es klappt und mein Ball findet den Weg ins Loch. Danach brauche ich erst mal eine kleine Erfrischung und habe Glück: Beim nächsten Hindernis muss ich mich durch Wasserfontänen bewegen, bis der Ball nach mehreren Schlägen schließlich in der Vertiefung verschwindet. Was für ein Spaß! Übrigens: Die Ostsee haben Sie beim Adventure-Golf immer im Blick, aber lassen Sie sich nicht zu sehr ablenken, sonst verpassen Sie den Sieg …

Nach dem Spiel lockt das Café der Adventure-Golf-Anlage, wo Sie es sich mit herrlichem Blick aufs Meer bei Kaffee und Kuchen gut gehen lassen können.

Naturstrand Klausdorf
via: Klausdorfer Strandweg
23769 Klausdorf

Restaurant Meeresbrise Fehmarn
Campingplatz Klausdorf 110
23769 Klausdorf
restaurant-meeresbrise-fehmarn.business.site

ENTSPANNUNG IN DER FRISCHEN BRISE

Naturstrand Klausdorf

Die Insel hat viele schöne Seiten, doch die Ostküste mit ihren Naturstränden liebe ich besonders, allen voran den Naturstrand in Klausdorf. Die Strände sind flach abfallend und man kann hier, gerade wegen der geringen Wassertiefe, besonders gut mit Kindern einen wundervollen Tag am und im Meer verbringen. Was stören da schon ein paar Steine im flachen Gewässer? Kinder lieben diese Seite der Küste. Nur den Sonnenschirm und die Sonnenschutzcreme, die sollten Sie besser nicht vergessen. Die frische Brise, die hier meist herrscht, täuscht, sodass schon zahlreiche Besucher nach einem sonnenreichen Tag an der Steilküste mit Sonnenbrand in ihr Feriendomizil zurückgekehrt sind.

Ein schönes Bonbon am Naturstrand Klausdorf habe ich erst vor Kurzem entdeckt. Wenn Sie sich oberhalb des Strandes auf dem Parkplatz befinden, halten Sie sich rechts, auf dem Spazier- und Fahrradweg Richtung Katharinenhof. Nach ungefähr 70 Metern steht sie, eigentlich gar nicht zu übersehen: die Aussichtsbank von Klausdorf. Sicher haben Sie bei Ihren Inselausflügen bereits die eine oder andere Bank gesichtet, die zum Verweilen einlädt. Doch diese ist wirklich einmalig. Nicht nur durch ihre tolle Lage, sie hat zudem noch eine außergewöhnliche Eigenschaft: Die mehr als einen Meter breite Aussichtsbank ist drehbar, sodass Sie immer die aktuelle Ausrichtung dieses Liegeplatzes wählen können, ganz wie Ihnen beliebt. Auf der Bank haben locker zwei Personen Platz. Machen Sie es sich bequem und folgen Sie der Sonne oder genießen Sie den Blick auf die Ostsee oberhalb der Steilküste. Ja, da fällt es manchmal schon schwer, sich zu entscheiden. Ein traumhafter Ort, um die Seele baumeln zu lassen.

Hungrig nach einem langen Strandtag? Das *Restaurant Meeresbrise Fehmarn* befindet sich ganz in der Nähe auf dem Campingplatz Klausdorf.

75

Mole Puttgarden
Fährhafenstraße
23769 Puttgarden

Strand Marienleuchte
Parkplatz: Rethen 35–27
23769 Marienleuchte

DIE WEISSEN RIESEN ZUM GREIFEN NAHE

Molen im Hafen

Schon von Weitem erkenne ich den *Scandlines*-Fähranleger, als ich in den Hafen Puttgarden einbiege. Auf einem nahe gelegenen Parkplatz lasse ich meinen Wagen stehen und breche auf Richtung Mole. Dieser circa 200 Meter lange, auf Findlingen aufgebaute geteerte Damm beginnt am Deich und endet an der Ein- und Ausfahrt des Hafens. Der Weg bis zum Molenkopf ist nicht sehr breit und erscheint mir ellenlang zu sein. Ich schaue links und rechts über die Kante zum Meer hinunter und sehe unter mir riesige Steine. Das Wasser ist klar und wirkt fast karibisch, wenn die Lichtverhältnisse stimmen.

Ein paar Menschen sind an diesem Ort immer unterwegs, da es Spaß macht, bis zum Ende der Mole zu laufen, um den Fähren beim Ein- und Ausfahren zuzuwinken. Gerade verlässt eine große Hybridfähre den Hafen von Puttgarden, was keine Überraschung ist, denn *Scandlines* besitzt weltweit die größte Flotte mit diesem Antrieb. *Prinsesse Benedikte,* was für ein schöner Name für ein Schiff. Nur eine Armlänge entfernt gleitet es leise an mir vorbei, nahezu lautlos abgesehen vom sonoren Brummen der Motoren. Hinaus auf das offene Meer auf dem rund 20 Kilometer langen Weg nach Rødby in Dänemark.

Alle 30 Minuten verlässt eine der Fähren Puttgarden in diese Richtung und erreicht nach 45-minütiger Überfahrt Rødbyhavn. Die Mole von Puttgarden ist ein Publikumsmagnet, denn die Möglichkeit, dermaßen nah an einen dieser weißen Riesen zu kommen, während er in Bewegung ist, hat man sonst selten. Auch ich bin regelmäßig auf dem Damm. Fernweh schleicht sich ein, als mir mal wieder bewusst wird, wie dicht Fehmarn vor den Toren Dänemarks liegt. Ich blicke auf die Ostsee und stelle mir vor, an Bord eines dieser Schiffe zu sein und auf die unendliche Weite des Meeres hinauszufahren.

Übrigens: Auch wenn es verlockend ist, das Angeln ist auf der gesamten Mole verboten. Stattdessen können Sie am nahen Marienleuchter Naturstrand im Westen von Puttgarden angeln.

76

Naturschutzgebiet Grüner Brink
Parkplatz Grüner Brink
via: Kröneweg
am Deich rechts abbiegen
23769 Puttgarden

ZWISCHEN MEER UND HEIDE

Naturschutzgebiet Grüner Brink

Der Grüne Brink ist ein fantastisches Kleinod der Insel. Vom gleichnamigen Parkplatz aus können Sie das 134 Hektar große Gebiet, das sich über eine Fläche von 2,5 Kilometer erstreckt, herrlich erkunden. Es steht seit 1938 unter Naturschutz und wird vom NABU *(Naturschutzbund Deutschland e. V.)* betreut. Und es ist wirklich sehenswert. Eine Oase an der Nordküste, drei Kilometer westlich vom Fährhafen Puttgarden gelegen.

Wenn Sie über den Deich Richtung Ostsee schauen, sehen Sie eine Besonderheit des Grünen Brinks: die drei Strandseen. Nach einer schweren Sturmflut im Jahr 1872 errichtete man besagte Deiche, die auch am Grünen Brink die Strömungsverhältnisse veränderten. Langsam entwickelten sich Nehrungshaken, also schmale Landzungen, die Richtung Festland wuchsen und so die drei Strandseen entstehen ließen. Die nahezu unberührte Natur ist wunderschön, nicht nur der Mensch fühlt sich hier wohl. Auch für viele Wasservogelarten ist der Grüne Brink ein wahres Paradies, da sie in dieser Gegend ungestört brüten können.

Um die Strandseen herum gibt es gut ausgeschilderte Wege, die Sie durch das Naturschutzgebiet führen. Vom Parkplatz Grüner Brink sind es etwa 2,4 Kilometer bis zum Niobe-Denkmal am Gammendorfer Strand, das an ein 1932 gesunkenes Schulschiff erinnert. Unterwegs wird Ihnen die sich verändernde Natur auffallen. Eben noch maritim, hat man plötzlich das Gefühl, man befände sich mitten in der Lüneburger Heide. Birken, Heidekraut und Waldgebiet. Wenn Sie sich vom Niobe-Denkmal am Strand zurück Richtung Puttgarden bewegen, können Sie das Naturschutzgebiet noch einmal von der Seeseite her bewundern. Mehrere Schilder entlang der Strecke erklären ausführlich das gesamte Areal. Für mich ist es ein immer wiederkehrendes Muss, mir eine Auszeit im Grünen Brink zu nehmen.

Bestimmt begegnen Sie dem Rothalstaucher bei Ihrem Besuch im Grünen Brink. Der gute Schwimmer und Taucher ist das Wahrzeichen des Naturschutzgebiets und fühlt sich hier besonders wohl.

77

Niobe-Denkmal
Parkplatz bei Niobe
via: Gammendorf Strand
23769 Gammendorf

Niobe Restaurant und Café
Gammendörp-Strand 110a
23769 Gammendorf
0152 21380513

UNTERGANG DURCH WEISSE BÖ

Niobe-Denkmal am Gammendorfer Strand

An der Nordküste der Insel, nahe dem Naturschutzgebiet Grüner Brink, liegt der Gammendorfer Strand. Zu meiner Rechten erstreckt sich das Naturschutzgebiet, direkt vor mir der Fehmarnbelt. Dort steht ein schlichter weißer Mast aufgerichtet gen Himmel, der aussieht, als würde er von Tauwerk festgehalten, damit der Wind ihn nicht umpustet. Was natürlich ein Trugschluss ist. Fest verankert in einem Zementsockel erhebt er sich, warnend, aufrecht wie ein Fingerzeig. Der Stamm ist ein Mastteil des gesunkenen Segelschulschiffes Niobe. Davor, auf einem Zementsockel, befindet sich ein großer, mit einer Inschrift versehener Findling als Gedenkstein. Die Zeilen sind den Verstorbenen des am 26. Juli 1932 gesunkenen Schulschiffes Niobe gewidmet.

Niobe ging nur ungefähr 800 Meter vor der Küste unter, in Sichtweite zum Festland. Eine unvorhersehbare Gewitterböe, eine sogenannte Weiße Bö, brachte das Schiff, welches sich unter vollen Segeln auf einer Ausbildungsfahrt von Kiel zum polnischen Swinemünde befand, in kürzester Zeit zum Sinken. Da das Wetter freundlich schien und kein Unwetter angekündigt war, waren alle Luken und Bullaugen des Schiffes geöffnet, was letztendlich mit zu der Tragödie direkt vor dem Gammendorfer Strand führte. 69 Tote, von denen 50 später geborgen und 19 für immer auf See verschollen blieben, und 40 Überlebende bildeten das trostlose Ende der Ausbildungsfahrt.

Am 15.10.1933 wurde das Niobe-Denkmal feierlich enthüllt. Seitdem wird jedes Jahr am Tag des Unterganges ein Kranz niedergelegt. Beim Betrachten des Denkmals überkommt mich ein beklemmendes Gefühl, und trotzdem bin ich gerne hier, um den vielen Menschen zu gedenken, die in Ausübung ihrer Pflicht den Tod fanden.

Am Niobe-Denkmal befindet sich das gleichnamige Restaurant, wo traditionelle Küche mit exotischen Ideen verbunden wird.

78

Westermarkelsdorfer Strand
via: Westermarkelsdorf
Parkplatz direkt am Strand
23769 Westermarkelsdorf

DER OSTSEESTÖPSEL

Strand mit altem Messpegel

Unweit des Leuchtturms von Westermarkelsdorf überrascht Sie ein schönes Stück Naturstrand. Es macht riesigen Spaß, dort entlangzugehen und den Surfern bei ihren akrobatischen Darbietungen zuzusehen. Von Kiten, Windsurfen bis zu Wellenreiten ist alles dabei. Der Strand von Westermarkelsdorf ist eines der Eldorados für Wassersport – man nennt die Insel nicht umsonst das »Hawaii des Nordens«.

Aber nicht nur die aktiven Sportler kommen auf ihre Kosten. Durch Wind und Brandung an der Westküste wird der Grund aufgespült und somit auch Wattwürmer, die Fische anlocken. So ziehen Angler oft Stunde um Stunde am Strand von Westermarkelsdorf entlang und versuchen ihr Glück. Manche Meerforelle hat sich hier schon am Haken eines Petrijüngers wiedergefunden. Und auch wenn der eine oder andere Haken im Kraut verfangen am Grund der Ostsee zurückblieb; nichts hält einen Angler davon ab, sein Glück aufs Neue zu probieren. Setzen Sie sich einfach zu mir auf den Deich und beobachten die ruhigen Angler und im Kontrast dazu die Surfer mit ihren akrobatischen Kunststücken.

Wenn Sie Ihren Blick ein wenig über das bunte Treiben am Strand schweifen lassen, werden Sie in den Fluten den »schiefen Turm von Westermarkelsdorf« entdecken, auch »Ostseestöpsel« genannt. Was nach meinem Empfinden einer riesigen Schraube ähnelt, entpuppt sich bei näherer Betrachtung als alter Pegelmesser. 1930 wurde er vom Treibeis aus seiner festen Verankerung im Meeresgrund gelöst, was ihn in diese missliche Schieflage brachte. In früheren Jahren wurde er oft als Ziel für eifrige Schwimmer in Anspruch genommen, heute hat man das Gefühl, er verschwindet immer mehr im Meer. Und es ist bei den zum Teil starken Strömungsverhältnissen ohnehin nicht ratsam, sich schwimmend zum Pegel zu begeben. Sie sollten die Ostsee niemals unterschätzen.

Der perfekte Ort, um den Tag ausklingen zu lassen. Nehmen Sie sich eine Decke und vielleicht ein Glas Wein mit, schauen auf die Wellen und genießen den Sonnenuntergang …

79

St.-Johannis-Kirche
An der Kirche 4
23769 Petersdorf
04371 209
www.kirche-petersdorf.de

DIE HÖCHSTE KIRCHE DER INSEL

St.-Johannis-Kirche

Sie liegt im Ortskern und ist schon von Weitem gut zu erkennen: die St.-Johannis-Kirche in Petersdorf. Das in der ersten Hälfte des 13. Jahrhunderts erbaute frühgotische Gotteshaus strahlt auf mich eine unglaubliche Ruhe aus. Ich komme gerne hierher, um für eine kurze Zeit aus dem Alltag auszubrechen und die Gedanken schweifen zu lassen.

Im 13. Jahrhundert wurde die Kirche zweischiffig im spätromantischen Stil erbaut, später wurden dann das Südschiff und der Chorraum ergänzt. Lange Zeit diente sie Seefahrern mit ihrem über 60 Meter hohen, von der Ostsee aus gut sichtbaren Turm aus Granitstein als Tageslandmarke, anhand derer sie ihre Schiffe sicher durch Belt und Sund steuerten. Sie wird eingerahmt vom Friedhof, der wiederum von einem aus Feldsteinen erbauten Wall umgeben ist. Einige Linden wurden schützend im Kreis um Kirche und Friedhof gepflanzt – 64 an der Zahl, zur Erinnerung an den Deutsch-Dänischen Krieg im Jahr 1864.

Auch das Innere von St. Johannis ist äußerst sehenswert. Allen voran die Epitaphe aus dem 16. bis 18. Jahrhundert und eine mit vielen Schnitzereien verzierte Kanzel aus der Reformationszeit. Auch der Dreiflügelaltar, der Maria und die zwölf Apostel darstellt, zieht den Betrachter in seinen Bann. Das hölzerne Sakramentshaus aus dem 15. Jahrhundert ist mit seinen 8,70 Metern das zweithöchste seiner Art in Norddeutschland. Beeindruckend ist auch das aus Gotland stammende, optisch an einen Pokal erinnernde Taufbecken aus dem 13. Jahrhundert. Der zugehörige Taufdeckel wurde im Jahr 1779 gestiftet. Gerade will ich die Kirche verlassen, da fällt mir wieder einmal die Marcussen-Orgel mit ihren 33 Registern ins Auge. Wenn man Glück hat, kann man während seines Besuchs von St. Johannis ihren wunderschönen Klängen lauschen. Und tatsächlich, gerade ertönen die ersten Klänge …

Sehenswert ist auch der Ortskern von Petersdorf mit dem Petersdorfer Teich, um den jedes Jahr zur Rapsblüte das beliebte Rapsblütenfest mit Livemusik und Feuerwerk stattfindet.

80

NABU-Wasservogel-reservat Wallnau
Wallnau 4
23769 Fehmarn
04371 1002
www.wallnau.nabu.de

DAS GROSSE FLATTERN DER ZUGVÖGEL

Wasservogelreservat Wallnau

Ein erlebnisreicher Tag erwartet Sie im weitläufigen Vogelparadies Wallnau, an der Westküste der Insel. Es liegt direkt hinter dem Deich, hinter dem übrigens der einzige natürliche Süßwasserbach Fehmarns, die Kopendorfer Au, verläuft. Bringen Sie genügend Zeit mit, wenn Sie das Reservat besuchen. Denn um zu sehen, was hier an Flora und Fauna in der absoluten Stille der Natur geboten wird, reicht eine kurze Stippvisite nicht aus.

Das Vogelreservat ist eines von drei Naturschutzgebieten Fehmarns mit rund 300 Hektar Land. 1976 erwarb der NABU (Naturschutzbund Deutschland e. V.) das Areal und betreut es seitdem hervorragend. Zehn Hektar der wundervollen Landschaft dürfen von Gästen besucht werden. Etwa 80 Vogelarten ziehen in diesem Schutzgebiet ihre Jungen groß und genießen die ungestörte, nahrungsreiche Landschaft. Doch nicht nur Vögel haben hier ihren Rastplatz und ihre Heimat gefunden. Auch Amphibien und Insekten umlagern die Teiche im Naturschutzgebiet und selbst Bienen hört man summen, wenn nicht gerade irgendwo eine Kröte quakt. Sogar Füchse schleichen manches Mal über das Gelände.

Aber das alles ist nichts gegen die ungefähr 270 Vogelarten, die in Wallnau regelmäßig gesichtet werden, weil sie das Vogelreservat als Rastplatz während ihrer weiten Touren benutzen. Steigen Sie auf den zwölf Meter hohen Aussichtsturm, legen Sie sich auf die Lauer und beobachten Sie die Vögel. Ist Ihnen das nicht genug, lernen Sie den knapp einen Kilometer langen Naturlehrpfad kennen, bei dem Sie auf einer Tast- und Schnupperstrecke erstaunlich viel über die Pflanzen- und Tierwelt erfahren. Vergessen Sie Fernglas und Kamera nicht.

Im Shop des NABU-Wasservogelreservat Wallnau erhalten Sie von März bis Oktober alles rund um Vögel, von interessanten Fachbüchern bis hin zu Ferngläsern, für Ihren Besuch im Vogelparadies.

81

Leuchtturm Flügge
Flügger Leuchtturm 2
23769 Flügge
0160 1428668
www.leuchtturm-fluegge.de

PARADETURM AM HUK

Leuchtturm Flügge

… 161, 162, geschafft! Mit 37 Metern und 162 Stufen bis zur Aussichtsgalerie ist der Flügger Leuchtturm das höchste Leuchtfeuer der Insel. 1914/15 im Naturschutzgebiet Krumsteert auf dem südwestlichen Huk der Insel erbaut, ersetzte er den bisher dort stehenden 16 Meter hohen, achteckigen Turm aus dem Jahre 1870. Von 1977 bis 2009 war der Flügger Leuchtturm in einen rot-weißen Mantel aus Faserzementplatten gekleidet, die man schließlich entfernte. Nach zweijähriger Sanierung erstrahlt er seit 2011 nun wieder in seinem ursprünglichen Backsteinkleid und führt die Schiffe weiterhin sicher in den Sund.

Der Ausblick des einzigen begehbaren Leuchtturmes der Insel, der seit 2003 unter Denkmalschutz steht, entschädigt Sie für eventuelle Atemnot, die Sie möglicherweise am Ende der letzten Stufen ereilt. Und sollten Sie bisher nicht außer Atem geraten sein, spätestens jetzt, beim Blick von der Galerie, wenn die Insel in ihrer schönsten Pracht erstrahlt, ist es so weit. Aber nicht nur die fantastische Aussicht begeistert, auch die Möglichkeit, sich auf diesem einzigartigen Leuchtturm das Jawort zu geben, lässt das Herz von heiratswilligen Paaren höherschlagen. Seit 2005 kann man sich im Erdgeschoss des Leuchtfeuers im Kreise seiner engsten Vertrauten das Eheversprechen geben. Die Zahl der Teilnehmer an der Hochzeitszeremonie ist auf zwölf Personen beschränkt, inklusive Standesbeamtem und Fotograf. Nach der Trauung mit den Gästen bei einem Glas Sekt den traumhaften Panoramablick in luftiger Höhe genießen – was für ein schöner Gedanke.

Anschließend an Ihren Besuch auf dem Flügger Leuchtturm, ob Hochzeit oder nicht, können Sie sich im angrenzenden Kaffeegarten Kaffee und Kuchen mit Blick auf das Meer schmecken lassen.

Zum Leuchtturm, durch das Naturschutzgebiet Krumsteert, dürfen Sie nicht mit dem Auto fahren. Stellen Sie Ihren Wagen auf einem Parkplatz 1,5 Kilometer vor dem Leuchtturm ab (gebührenpflichtig).

82

Hafen Orth
Informationen bei der
Hafen Orth GmbH
Am Hafen
23769 Orth
04372 1056
www.hafen-orth.de

SPITZE MIT LEUCHTTURMBLICK

Hafen

Der Orther Hafen ist idyllisch an der Südwestseite der Insel gelegen und mein Favorit, was die Häfen von Fehmarn angeht. Von Burg aus gesehen sind es zwar über 14 Kilometer bis nach Orth, aber der Weg lohnt sich allemal. Der Name »Orth« stammt aus dem Plattdeutschen und bedeutet so viel wie »Spitze«. Passend, denn betrachtet man Orth aus der Vogelperspektive, sieht man, dass der Hafen wie eine Spitze aus der Orther Bucht herausragt.

War Orth früher ein Hafen mit regem Güter- und Personenverkehr, so wurde der Transportweg über die Ostsee durch die im Jahr 1905 bis nach Orth gebaute Eisenbahnlinie uninteressant. Im Laufe der Jahre wurde vieles erneuert, und heute bietet der Orther Hafen nicht nur viele Liegeplätze für Bootsbesitzer, sondern auch ein tolles Revier für Surfer und Kiter. Außerdem zieht es Touristen hierher, die sich in der urigen Atmosphäre des Hafens wohlfühlen. Etliche Restaurants und Cafés haben sich im Hafengelände angesiedelt und es ist nett, am Kai vor einer der Lokalitäten zu sitzen und sein Essen oder seinen Kaffee mit Blick auf den Hafen zu genießen.

Das Hafenbecken können Sie zu Fuß fast umrunden, kommen vorbei an einem Grillplatz, einem Kinderspielplatz und zahlreichen Bänken, die zum Verweilen einladen. Am Ende der Steinmole bietet sich Ihnen ein fantastischer Blick auf die kleine Meeresbucht Sulsdorfer Wiek wie auch auf die entfernte Gemeinde Großenbrode. Bummeln Sie auf der Landzunge zurück, erspähen Sie auf der linken Seite den Flügger Leuchtturm. Wenn Sie diesem auf dem Fußweg einen Besuch abstatten möchten, treten Sie am Ende des Weges auf den Deich und folgen diesem. Halten Sie sich links, dann erreichen Sie nach einem Spaziergang von einer guten halben Stunde und 2,5 Kilometern den Flügger Leuchtturm.

Probieren Sie im Hafenimbiss Kap Orth, in der Straße *Am Hafen* in Orth gelegen, die Scampi mit Knoblauchsoße. Hitverdächtig.

83

Mühlenmuseum Jachen Flünk
Mühlenweg 45
23769 Lemkenhafen
04372 1894
www.museum-fehmarn.de/jachenfluenk

Restaurant Lütten
Am Seglerhafen 1002
23769 Lemkenhafen

UMTRIEBIGE MÜHLE

Mühlenmuseum Jachen Flünk

Die Mühle Jachen Flünk wurde 1787 vom Kornhändler und Schiffsreeder Joachim Rahlff gebaut. 1954 wurde sie stillgelegt und ging später in den Besitz des Vereins zur Sammlung Fehmarnscher Altertümer e. V. über. Nach umfangreichen Umbau- und Sanierungsmaßnahmen wird sie seit 1961 als Mühlen- und Landwirtschaftsmuseum genutzt. Jachen Flünk ist die älteste und einzige funktionstüchtige Segelwindmühle ihrer Art in Schleswig Holstein.

Die Segelwindmühle liegt idyllisch zwischen den Feldern von Lemkenhafen. Neben dem Eingang lehnen alte Mühlsteine an dem verschindelten Rumpf. Dass die 22 Meter hohe Mühle geöffnet hat, was nur zwischen Anfang Juni und Ende Oktober der Fall ist, ist an der Lehnsfahne von Fehmarn zu erkennen, die über dem Eingang weht. Diese zeigt eine goldene Krone auf blauem Grund. Im Inneren der Mühle betrachte ich interessiert die vielen Fotos und Arbeitsgeräte aus der Zeit der Jahrhundertwende. Mithilfe der historischen Aufnahmen werden die damaligen Arbeitsmethoden veranschaulicht. Über eine enge Holzstiege erreiche ich den oberen Teil der Mühle, in dem die Mahlsteine und Kammern für die verschiedenen Getreidearten zu finden sind. Vor allem Gerste und Weizen wurden damals vermahlen und verkauft.

Von hier aus geht es weiter auf die Galerie. Vorsichtig öffne ich die schmale Holztür und betrete den Rundlauf der Mühle. Ein bisschen mulmig wird mir, als ich den Holzfußboden betrachte und mir das Alter der Mühle vergegenwärtige. Doch ich schiebe den Gedanken beiseite und genieße stattdessen den fantastischen Ausblick während des Rundgangs. Beim Abstieg ist Vorsicht angesagt, um sich den Kopf nicht zu stoßen. Unten angekommen sehe ich mir noch den angrenzenden Speicher an, wo landwirtschaftliche Geräte und Modelle Fehmarn'scher Bauernhöfe ausgestellt werden.

Vom Frühstück bis zum Sundowner, vom Croissant bis zum Flammkuchen – besuchen Sie das Restaurant Lütten mit Blick auf die Bucht und ihre Surfer.

84

Hofcafé Bisdorf
Bisdorf 15
23769 Bisdorf
04371 864133
www.hofcafe-bisdorf.com

LOCKER, LECKER, FLUFFIG

Hofcafé Bisdorf

Nicht weit entfernt von Landkirchen befindet sich das kleine Dorf Bisdorf. Normalerweise wirkt Bisdorf eher verschlafen. Aber wenn Sie den Ferienhof von Familie Küthe betreten, werden Sie überrascht sein, wie viele Menschen sich hier tummeln. Eingebettet zwischen Wiesen liegt das Hofcafé Bisdorf sehr ländlich und hat als eines der ältesten Cafés der Insel sehr viele Stammgäste. Aber auch neue Gäste verirren sich immer wieder hierher, denn der gute Ruf des Hofcafés reicht weit über die Inselgrenzen hinaus.

Das fröhliche Team von Ilka Küthe weiß, was die Gäste lieben – ob in Wohlfühlatmosphäre in den Innenräumen oder im großzügigen Garten des Hofcafés. Die herrlichen Torten mit vielfältigen Füllungen und Toppings lassen keine Wünsche offen. Ob klassische Schwarzwälder Kirsch-, Himbeer-Quark- oder Mandarinen-Schmand-Torte – für jeden Geschmack ist etwas geboten. Auch die Blechkuchen sind sehr zu empfehlen. Die Tortenböden werden täglich frisch und mit viel Liebe gebacken und sind unglaublich fluffig, besonders der Biskuitboden. Das Abendbrot können Sie hinterher getrost ausfallen lassen.

Draußen sitzen Sie im gemütlichen Strandkorb mit Blick auf die Felder und können den Kindern beim Herumtollen im garteneigenen Spielplatz zuschauen, während Sie Ihre riesigen Torten- oder Kuchenstücke verzehren. Gestatten die Temperaturen es einmal nicht oder ist der Sommer schon vorbei, können Sie es sich im Inneren des Cafés gemütlich machen. Fürstlich an der langen gedeckten Tafel oder eher privat an einem Zweiertisch. Omas altes Buffet sorgt für eine heimelige Atmosphäre. Da fühlt man sich fast wie zu Hause. Und im Winter, wenn es draußen stürmt und schneit, lodert im Kaminofen ein knisterndes Feuer. Da schmecken Sauerkirsch-Marzipan-Torte und Kakao noch einmal so gut, oder?

Mein Favorit ist die nach altem Familienrezept gebackene Hoftorte mit Eierlikör.

85

Restaurant Margaretenhof
Dorfstraße 7
23769 Neujellingsdorf
04371 87670
www.restaurant-margaretenhof.com

Deutsche Küche mit einem Hauch Asien

Landhausrestaurant Margaretenhof

Es gibt viele Gasthäuser auf der Insel, doch dieses gehört zur Spitzenklasse. Umrahmt von alten Bäumen liegt das Landhausrestaurant Margaretenhof an der Dorfstraße in Neujellingsdorf. Beim Eintreten spürt man sofort die Gastlichkeit und Gemütlichkeit, die dieses Restaurant ausmachen. Das gemütliche Bauernhaus wurde 1810 gebaut und wird seit 1972 als Gastwirtschaft betrieben.

Im Inneren des Hauses gibt es viel zu entdecken. Fünf kleine Räume mit Wohlfühlatmosphäre, hier nehme ich gerne Platz. Wunderschön gestaltete Arrangements auf den Fensterbänken, dezentes Licht und bäuerliche Tischdekoration runden das Bild ab. Das Beste am Margaretenhof ist aber natürlich das Essen. Die Speisekarte erinnert eher an ein Gourmet- als an ein Landhausrestaurant. Und das zu moderaten Preisen. Riesengarnelen im Tempurateig oder Zanderfilet mit Rotkohl-Paranuss-Kruste? Bereits beim Lesen läuft mir das Wasser im Mund zusammen. Christine und Sascha Dietrich setzen die Verbindung von moderner deutscher Küche mit asiatischen Gewürzen und Besonderheiten gekonnt um. Man spürt, mit wie viel Liebe und Professionalität Sascha Dietrich kocht. Seine Frau kümmert sich währenddessen mit Herz um die Gäste.

Wer nicht auswärts essen möchte, aber trotzdem nicht auf das gute Essen des Margaretenhof verzichten will, der kann sich mit dem »Ententaxi« eine knusprige Ente mit Beilagen nach Hause liefern lassen. Und auch sonst bietet das Landhausrestaurant jede Menge Highlights, die es zu etwas Besonderem machen. Ein Candle-Light-Dinner zum Valentinstag zum Beispiel oder eine *Sushi-Night* mit einer großen Auswahl an *Inside-Out-Rolls,* bei denen sich außen Reis statt des Algenblattes befindet. Egal, was Sie sich schmecken lassen, es wird ein Genuss!

Meine Lieblingsvorspeise ist *Pork Belly:* geschmorter Schweinebauch mit asiatischer Barbecuemarinade. Und als Nachspeise gönne ich mir Schokoladenküchlein mit Schoko-Ingwer-Soße.

86

Deichspaziergang in Westerbergen
Startpunkt: Parkplatz am flachen Strand
Westerbergen-Feriensiedlung 4
23769 Westerbergen

Hotel Achtern Diek
Gold 4
23769 Fehmarn
04371 4149
www.achterndiek-gold-fehmarn.de

DEICHGEFLÜSTER

Spaziergang auf dem Deich

Im Nordwesten der Insel Fehmarn, an der Orther Reede, liegt der kleine Ort Westerbergen. Von Lemkenhafen Richtung Feriensiedlung Gold erreicht man die circa einen Kilometer entfernte Gemeinde in kürzester Zeit. Auf dem dortigen Deich lassen sich herrliche Spaziergänge in beide Richtungen unternehmen. Die Segelwindmühle Jachen Flünk zu meiner Rechten scheint mir mit ihren Flügeln zuzuwinken, und im Westen blinkt das Leuchtfeuer von Flügge im gleichmäßigen Takt. Vor mir liegt der Warder, eine kleine vorgelagerte Insel mit nur wenigen Gebäuden, daneben dümpeln Boote gemütlich im flachen Wasser. Selbst die Fehmarnsundbrücke ist von hier aus zu sehen.

Wenn ich auf dem Deich sitze, möchte ich eigentlich nie wieder weg. Manchmal bleibe ich bis zum atemberaubenden Sonnenuntergang. Nach einem wolkenlosen, klaren Tag verzaubert er in kaum zu überbietender Farbenpracht. In Westerbergen berührt der Untergang der Sonne mit besonderer Atmosphäre. Wenn Sie Glück haben und zum richtigen Zeitpunkt hier sind, versinkt sie hinter dem 37,5 Meter hohen Leuchtturm und lässt ihn in rotgoldenem Glanz erscheinen.

Als hätte ein Maler seine Pinsel tief in die Farbpalette getaucht. In einem Zusammenspiel von tiefen Rottönen mit dem Leuchtfeuer des Flügger Leuchtturmes versinkt der glutrote Ball schließlich im violett eingefärbten Meer, bevor letzte Farbflecken sich in die Tiefe des Meeres verabschieden und der blaue Himmel über dem Leuchtturm von Tausenden tanzenden Sternen abgelöst wird. Einfach ein Ort zum Wohlfühlen, der Deich von Westerbergen. Genießen Sie ein paar schöne Stunden an diesem traumhaften Platz.

Das gemütliche Café-Bistro *Achtern Diek* im nahe gelegenen Gold bietet neben Kaffee und Kuchen ein sensationelles Frühstück in mehreren Varianten und mit fantastischem Blick auf die Bucht.

87

Großsteingrab Alversteen
(Megalithgrab Landkirchen)
Am Deich zwischen Gold
und Strukkamp
23769 Albertsdorf

Zeugen frühzeitlicher Geschichte

Großsteingrab Alversteen

Ein Ausflug nach Albertsdorf versetzt mich regelmäßig in die Vergangenheit, genauer gesagt in die Jungsteinzeit. Denn mein liebster Spazierweg von dem kleinen Ort aus führt mich, in etwa einem Kilometer Entfernung, zu einer etwa 5.500 Jahre alten Megalithanlage, dem Alversteen, auch »stot Havmann« genannt. Sie ist im Südwesten der Insel gelegen, unweit vom Deich zwischen Gold und Strukkamp, und von Albertsdorf über einen ausgeschilderten Wanderweg entlang der Küste gut zu erreichen.

Ein Hünengrab auf Fehmarn zu finden ist nicht ganz leicht. Früher waren zahlreiche Megalithgräber auf der Insel vorhanden, da sie jedoch die Landwirte bei der Arbeit störten, wurden viele der zum Teil riesigen Findlinge abtransportiert und als Baumaterial verwendet. Steine waren auf Fehmarn ansonsten rar. Vor ein paar Jahren entdeckte ich schließlich dieses jahrtausendealte Großsteingrab, den Alversteen, der mich bis heute sehr beeindruckt. Fast verwunschen liegt er da, zwischen Sträuchern und Bäumen auf einem Hügel unweit der Küste.

Der Alversteen ist das am besten erhaltene, früheste Steingrab der Insel, auch Dolmen genannt, jedoch auch verhältnismäßig klein. Er wurde unter anderem deshalb so gut bewahrt, weil er den Schiffen bei ihrer Einfahrt in den Sund als Orientierungspunkt diente, bis im Jahr 1896 der Leuchtturm Strukkamphuk errichtet wurde. Heute ist er von der Seeseite her nicht mehr sichtbar und steht unter Denkmalschutz. Der Alversteen besteht aus einem Deckstein sowie vier Tragsteinen an den Längsseiten. Der Erdhügel, der die Steine einst bedeckte, wurde abgetragen. Sie finden den Alversteen in unmittelbarer Nähe zum Strand auf einer leichten Anhöhe, wie bei Großsteingräbern üblich. Eine Zeitreise der besonderen Art.

Von Burg kommend, befindet sich an der Hauptstraße von Albertsdorf links ein Dodelstein. Diese Steine kennzeichneten, mit Symbolen oder Runen versehen, die Grenzen von Grundstücken.

88

Leuchtturm Strukkamphuk
Parkplatz Fehmarnsund/
Fehmarnsundbrücke
Fußweg über den Deich
23769 Strukkamphuk

Kleiner ist keiner

Leuchtturm Strukkamphuk

Westlich der Fehmarnsundbrücke rückt er sich, trotz geringer Höhe von nur 5 Metern, geradewegs ins rechte Licht. Strahlend weiß leuchtet er und ist mit seinem angrenzenden Leuchtturmwärterhäuschen ein plakatives Postkartenmotiv. Am Huk vom Strukkamp trotzt er Wind und Wetter. Zusammen mit dem Flügger Leuchtturm bildet er ein Richtfeuer, das Wasserfahrzeugen den richtigen Kurs durch den Fehmarnsund anzeigt.

Der runde Betonturm ist für die Öffentlichkeit nicht zugänglich. Doch auch von außen sehe ich ihn mir gerne an, denn der Turm hat durch seinen Standort und seine geringe Größe unheimlich viel Charme und Charisma. Ein Spaziergang zu diesem Leuchtfeuer ist aus Richtung Fehmarnsundbrücke oder vom Campingplatz Strukkamp möglich. Mit dem Auto ist der Leuchtturm nicht erreichbar, da es keine Straßenzufahrt gibt. Vom Parkplatz Fehmarnsund bewältigen Sie die 1,5 Kilometer lange Strecke in ungefähr 10 Minuten.

Beim Strukkamphuk angekommen, lädt eine kleine Bank direkt auf dem Deich vor dem Leuchtturm zum Ausruhen ein. So eine Pause kann schon einmal länger dauern, weil es von hier aus viel zu sehen gibt: die Sundbrücke, den Flügger Leuchtturm, die Skyline der Kleinstadt Heiligenhafen, auf der Landseite gegenüber von Fehmarn gelegen. Langweilig wird es da bestimmt nicht.

Einmal hatte ich das Glück, einen Blick ins Innere des Leuchtturms werfen zu dürfen, und zwar in einer Fernsehsendung, die über die Pächter des Leuchtturms Strukkamphuk berichtet hat. Es war spannend zu sehen, wie sich das Pärchen auf kleinstem Raum eine Wohlfühloase geschaffen hat. Und spannend zu hören, dass nach Anbrechen der Dunkelheit die Rollos geschlossen werden müssen, damit Schiffe vom Licht des klitzekleinen Wohnzimmers nicht in die Irre geführt werden.

Von einer bestimmten Position aus lassen sich das Leuchtfeuer und die Fehmarnsundbrücke auf ein gemeinsames Foto bringen. Ein wunderschönes Motiv, das es sich zu suchen lohnt.

Frank Meierewert / Claudia Pautz / Christoph von Fircks
Lieblingsplätze Ostsee Mecklenburg-Vorpommern
192 Seiten, 14 x 21 cm
Klappenbroschur
ISBN 978-3-8392-0163-3
€ 17,00 [D] / € 17,50 [A]

Baden, Rad fahren oder paddeln? Sandburgen bauen oder Museen besuchen? An der Ostsee Mecklenburg-Vorpommerns ist alles möglich! Weiße Strände und das leuchtendblaue Meer locken ebenso wie prächtige Seebäder und Hansestädte. Entdecken Sie zwischen dem Priwall und Stettiner Haff, auf den (Halb-)Inseln Fischland-Darß-Zingst, Rügen, Hiddensee und Usedom Ihre Lieblingsplätze! Spazieren Sie durch Wismar, Stralsund, Rostock und Greifswald! Erklimmen Sie Leuchttürme, lassen Sie sich von sanften Wellen treiben oder tauchen Sie im Meer unter. Unsere Autoren verraten Ihnen die schönsten Ausflüge und manchen Geheimtipp.

GMEINER